TRAITÉ-FORMULAIRE

DES

PARTAGES D'ASCENDANTS

ENTRE VIFS ET TESTAMENTAIRES

AVEC 43 FORMULES

PAR

DEFRÉNOIS

Auteur du *Traité-Formulaire général du Notariat*, du *Traité des Liquidations*, etc.
Directeur-Fondateur du *Répertoire général pratique du Notariat*.

PRIX : 4 FRANCS

PARIS

ADMINISTRATION DU RÉPERTOIRE GÉNÉRAL PRATIQUE DU NOTARIAT
40, RUE D'ASSAS, 40

1891

TRAITÉ-FORMULAIRE

DES

PARTAGES D'ASCENDANTS

ENTRE VIFS ET TESTAMENTAIRES

BESANÇON. — IMPRIMERIE OUTHENIN-CHALANDRE FILS ET Cie.

TRAITÉ-FORMULAIRE

DES

PARTAGES D'ASCENDANTS

ENTRE VIFS ET TESTAMENTAIRES

AVEC 43 FORMULES

PAR

DEFRÉNOIS

Auteur du *Traité-Formulaire général du Notariat*, du *Traité des Liquidations*, etc.
Directeur-Fondateur du *Répertoire général pratique du Notariat*.

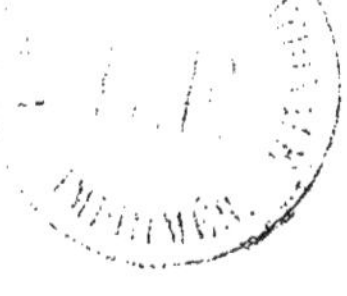

PARIS

ADMINISTRATION DU RÉPERTOIRE GÉNÉRAL PRATIQUE DU NOTARIAT
40, RUE D'ASSAS, 40

1891

INTRODUCTION

Le partage d'ascendant a pris son origine en même temps que la famille s'est fondée.

Le père de famille, au déclin de la vie, alors qu'il a le souci d'éviter après lui des dissensions entre ses enfants, fait entre eux, en leur imposant sa volonté, le partage de son patrimoine, comme ceux-ci y auraient procédé à sa mort.

Cette pratique, déjà en usage chez les Hébreux, les Grecs, a été admise également par le Droit romain, comme disposition de dernière volonté.

Les rois eux-mêmes partageaient, de leur vivant, leur royauté entre leurs enfants.

En France, avant le Code civil, les règles du partage d'ascendant étaient différentes selon que l'on se trouvait en pays de coutumes, ou en pays de droit écrit où la législation romaine était demeurée en vigueur.

Le Code civil a réglé les formes ainsi que les effets du partage d'ascendant entre vifs ou testamentaire, par les articles 1075 à 1080, dont voici les dispositions :

« Art. 1075. Les père et mère et autres ascendants pourront faire, entre » leurs enfants et descendants, la distribution et le partage de leurs biens.

» Art. 1076. Ces partages pourront être faits par actes entre vifs ou testamen-» taires, avec les formalités, conditions et règles prescrites pour les donations » entre vifs et testaments.

» Les partages faits par actes entre vifs ne pourront avoir pour objet que les
» biens présents.

» ART. 1077. Si tous les biens que l'ascendant laissera au jour de son décès
» n'ont pas été compris dans le partage, ceux de ces biens qui n'y auront pas
» été compris seront partagés conformément à la loi.

» ART. 1078. Si le partage n'est pas fait entre tous les enfants qui existeront
» à l'époque du décès et les descendants de ceux prédécédés, le partage sera
» nul pour le tout. Il en pourra être provoqué un nouveau dans la forme légale,
» soit par les enfants ou descendants qui n'y auront reçu aucune part, soit même
» par ceux entre qui le partage aurait été fait.

» ART. 1079. Le partage fait par l'ascendant pourra être attaqué pour cause
» de lésion de plus du quart; il pourra l'être aussi dans le cas où il résulterait
» du partage et des dispositions faites par préciput, que l'un des copartagés
» aurait un avantage plus grand que la loi ne le permet.

» ART. 1080. L'enfant qui, pour une des causes exprimées en l'article pré-
» cédent, attaquera le partage fait par l'ascendant, devra faire l'avance des frais
» de l'estimation; et il les supportera en définitive, ainsi que les dépens de la
» contestation, si la réclamation n'est pas fondée. »

Ces dispositions, parfois incomplètes ou obscures, ont appelé l'attention des
commentateurs et, comme l'accord ne s'est pas établi entre eux sur un grand
nombre de points, les tribunaux ont dû les trancher.

Il était nécessaire de fixer avec une clarté méthodique les règles qui s'en sont
dégagées, de manière à en rendre la pratique plus compréhensible.

C'est ce que nous nous sommes efforcé de faire en refondant entièrement la
partie de notre *Traité-Formulaire général du Notariat*, concernant les *Partages
d'ascendants*.

Pour cela nous avons rédigé de nombreuses formules, la plupart inédites,
et, en regard, nous en avons donné l'explication d'après la méthode, encore
perfectionnée, qui a fait le succès sans égal de notre *Traité-Formulaire général
du Notariat*.

Cette partie que nous publions à l'avance à titre de *spécimen* de la SEPTIÈME

ÉDITION du *Traité-Formulaire général du Notariat*, actuellement en cours d'impression, indique les modifications considérables que nous y avons apportées, tant comme explication des textes que pour les formules.

Notre édition nouvelle, entièrement refondue et considérablement augmentée, au courant de la législation, de la doctrine et de la jurisprudence jusqu'en 1891, sera le seul ouvrage notarial facilitant, d'une manière assurée, la tâche du praticien.

Le Ministre de la justice, par sa circulaire du 12 mai 1883, a recommandé de dénommer les parties : d'abord par leur nom patronymique, puis, entre parenthèse, leurs prénoms. D'un autre côté, les titres des rentes sur l'Etat et des actions et obligations de villes, de compagnies, de sociétés, etc., les indiquent en observant ce mode de dénomination ; et, comme ces titres sont dans un grand nombre de mains, il nous a semblé préférable d'observer le même mode de dénommer les parties dans les actes. L'utilité de cette dénomination n'est nullement douteuse pour les certificats de propriété à délivrer au trésor et pour les extraits à fournir à l'occasion des mutations de valeurs. — Cela, d'ailleurs, n'oblige personne, et ceux qui voudront suivre l'ancienne méthode de dénomination auront toute liberté de la continuer.

15 décembre 1890.

TABLE ALPHABÉTIQUE GÉNÉRALE DU DROIT CIVIL
POUR LE TRAITÉ-FORMULAIRE DES PARTAGES D'ASCENDANTS (1)

(1) Pour la Table du droit fiscal, voir page 95. — Cette table indique que celle placée à la fin du *Traité-Formulaire général* formera un véritable *Dictionnaire de droit notarial, civil et fiscal.*

DU PARTAGE D'ASCENDANT

ENTRE VIFS ET TESTAMENTAIRE

1. Définition. — Le partage d'ascendant, aussi appelé : *partage anticipé*, est l'acte par lequel les père et mère ou autres ascendants font, entre leurs enfants et autres descendants, la distribution et le partage de leurs biens. Ce partage peut être entre vifs ou testamentaire, en observant les conditions de forme exigées pour l'espèce d'opération que l'ascendant adopte (C. civ., 1075). Il n'est permis que sous l'une de ces formes; s'il était sous seing privé, *infra* n° 6, il serait frappé d'une nullité radicale faisant obstacle à ce qu'il fût confirmé par une ratification.

2. Objet. — Le partage d'ascendant a pour objet de transmettre les biens aux descendants et de faire entre eux un partage équivalent, sous certains points, à celui auquel il serait procédé à l'ouverture de la succession. Le mobile qui conduit les ascendants à se démettre ainsi de leurs biens est : d'assurer aux enfants la transmission de leurs biens, de prévenir les difficultés susceptibles d'être soulevées à leurs décès et, surtout, d'éviter le partage judiciaire auquel donnerait lieu la minorité de quelques-uns des enfants ou descendants.

3. Division. — Les matières de ce chapitre seront divisées en trois parties comprenant les règles : la première, du partage d'ascendant entre vifs; la seconde du partage testamentaire; et la troisième, des actions en nullité ou en rescision auxquelles ces partages peuvent donner lieu.

PREMIÈRE PARTIE

DU PARTAGE D'ASCENDANT ENTRE VIFS

DIVISION

» Les partages faits par actes entre vifs ne pourront avoir pour objet que les
» biens présents.

» Art. 1077. Si tous les biens que l'ascendant laissera au jour de son décès
» n'ont pas été compris dans le partage, ceux de ces biens qui n'y auront pas
» été compris seront partagés conformément à la loi.

» Art. 1078. Si le partage n'est pas fait entre tous les enfants qui existeront
» à l'époque du décès et les descendants de ceux prédécédés, le partage sera
» nul pour le tout. Il en pourra être provoqué un nouveau dans la forme légale,
» soit par les enfants ou descendants qui n'y auront reçu aucune part, soit même
» par ceux entre qui le partage aurait été fait.

» Art. 1079. Le partage fait par l'ascendant pourra être attaqué pour cause
» de lésion de plus du quart ; il pourra l'être aussi dans le cas où il résulterait
» du partage et des dispositions faites par préciput, que l'un des copartagés
» aurait un avantage plus grand que la loi ne le permet.

» Art. 1080. L'enfant qui, pour une des causes exprimées en l'article pré-
» cédent, attaquera le partage fait par l'ascendant, devra faire l'avance des frais
» de l'estimation ; et il les supportera en définitive, ainsi que les dépens de la
» contestation, si la réclamation n'est pas fondée. »

Ces dispositions, parfois incomplètes ou obscures, ont appelé l'attention des commentateurs et, comme l'accord ne s'est pas établi entre eux sur un grand nombre de points, les tribunaux ont dû les trancher.

Il était nécessaire de fixer avec une clarté méthodique les règles qui s'en sont dégagées, de manière à en rendre la pratique plus compréhensible.

C'est ce que nous nous sommes efforcé de faire en refondant entièrement la partie de notre *Traité-Formulaire général du Notariat*, concernant les *Partages d'ascendants*.

Pour cela nous avons rédigé de nombreuses formules, la plupart inédites, et, en regard, nous en avons donné l'explication d'après la méthode, encore perfectionnée, qui a fait le succès sans égal de notre *Traité-Formulaire général du Notariat*.

Cette partie que nous publions à l'avance à titre de *spécimen* de la septième

ÉDITION du *Traité-Formulaire général du Notariat*, actuellement en cours d'impression, indique les modifications considérables que nous y avons apportées, tant comme explication des textes que pour les formules.

Notre édition nouvelle, entièrement refondue et considérablement augmentée, au courant de la législation, de la doctrine et de la jurisprudence jusqu'en 1891, sera le seul ouvrage notarial facilitant, d'une manière assurée, la tâche du praticien.

Le Ministre de la justice, par sa circulaire du 12 mai 1883, a recommandé de dénommer les parties : d'abord par leur nom patronymique, puis, entre parenthèse, leurs prénoms. D'un autre côté, les titres des rentes sur l'État et des actions et obligations de villes, de compagnies, de sociétés, etc., les indiquent en observant ce mode de dénomination ; et, comme ces titres sont dans un grand nombre de mains, il nous a semblé préférable d'observer le même mode de dénommer les parties dans les actes. L'utilité de cette dénomination n'est nullement douteuse pour les certificats de propriété à délivrer au trésor et pour les extraits à fournir à l'occasion des mutations de valeurs. — Cela, d'ailleurs, n'oblige personne, et ceux qui voudront suivre l'ancienne méthode de dénomination auront toute liberté de la continuer.

15 décembre 1890.

TABLE ALPHABÉTIQUE GÉNÉRALE DU DROIT CIVIL
POUR LE TRAITÉ-FORMULAIRE DES PARTAGES D'ASCENDANTS (1)

(1) Pour la Table du droit fiscal, voir page 95. — Cette table indique que celle placée à la fin du *Traité-Formulaire général* formera un véritable *Dictionnaire de droit notarial, civil et fiscal.*

DU PARTAGE D'ASCENDANT

ENTRE VIFS ET TESTAMENTAIRE

1. Définition. — Le partage d'ascendant, aussi appelé : *partage anticipé*, est l'acte par lequel les père et mère ou autres ascendants font, entre leurs enfants et autres descendants, la distribution et le partage de leurs biens. Ce partage peut être entre vifs ou testamentaire, en observant les conditions de forme exigées pour l'espèce d'opération que l'ascendant adopte (C. civ., 1075). Il n'est permis que sous l'une de ces formes; s'il était sous seing privé, *infra* n° 6, il serait frappé d'une nullité radicale faisant obstacle à ce qu'il fût confirmé par une ratification.

2. Objet. — Le partage d'ascendant a pour objet de transmettre les biens aux descendants et de faire entre eux un partage équivalent, sous certains points, à celui auquel il serait procédé à l'ouverture de la succession. Le mobile qui conduit les ascendants à se démettre ainsi de leurs biens est : d'assurer aux enfants la transmission de leurs biens, de prévenir les difficultés susceptibles d'être soulevées à leurs décès et, surtout, d'éviter le partage judiciaire auquel donnerait lieu la minorité de quelques-uns des enfants ou descendants.

3. Division. — Les matières de ce chapitre seront divisées en trois parties comprenant les règles : la première, du partage d'ascendant entre vifs; la seconde du partage testamentaire; et la troisième, des actions en nullité ou en rescision auxquelles ces partages peuvent donner lieu.

PREMIÈRE PARTIE

DU PARTAGE D'ASCENDANT ENTRE VIFS

DIVISION

SOMMAIRE ALPHABÉTIQUE

SOMMAIRE DES FORMULES

Form. 1. — Partage anticipé par un père veuf entre ses enfants et petits-enfants, avec réserve d'usufruit.

Form. 2. — Partage anticipé par une veuve; rente viagère et habitation; tirage au sort.

Form. 3. — Partage anticipé avec préciput.

Form. 4. — Partage anticipé entre enfants et petits-enfants.

Form. 5. — Partage anticipé quand l'un des enfants est non présent.

Form. 6. — Acceptation par acte postérieur; dispense de notification.

SECTION I. — Règles du partage d'ascendant.

§ 1. *Formes.*

4. Ancien droit. — Le partage d'ascendant entre vifs représente la *démission de biens* de l'ancien droit; et le partage testamentaire l'ancien *partage entre enfants.*

5. Formes. — La forme est celle déterminée par la loi pour les donations entre vifs. Il n'est pas nécessaire d'emprunter celles d'autres dispositions, notamment celles du partage judiciaire en cas de minorité (1), *infra* n° 28.

6. Acte notarié. — Don manuel. — Simulé. — Ainsi le partage d'ascendant entre vifs doit être passé par acte notarié et en minute; fait par acte sous seing privé ou verbalement, il serait dénué de valeur (2). Toutefois, un partage d'ascendant d'effets mobiliers peut être manuel (3). Il peut aussi, même pour les immeubles, être simulé sous la forme d'un contrat onéreux (4), *infra* n° 91.

7. Distinction. — La distinction du partage d'ascendant d'avec les dons et les legs, c'est que, tandis que ces espèces de libéralités sont individuelles, le partage, au contraire, est collectif (5).

8. Donation unique. — Ne constitue pas un partage d'ascendant, l'acte par lequel

---

FORMULE 1. — Partage anticipé par un père veuf, entre ses enfants et petits-enfants, avec réserve d'usufruit (Nos 1 à 64).

Par devant Me....., notaire à....., soussigné,
En présence des témoins ci-après nommés aussi soussignés,
    A comparu :
M. Leclair (Charles-Auguste), propriétaire, demeurant à.....,
Lequel, pour arriver au partage d'ascendant qui fait l'objet des présentes, a exposé ce qui suit :
Mme Elisa-Louise Fauchet, son épouse, est décédée à....., le....., laissant : M. Leclair son mari survivant, commun en biens acquêts, aux termes de leur contrat de mariage reçu par Me....., notaire à....., le.....; et pour seuls héritiers, ses quatre enfants ci-après nommés : M. Jules-Eugène Leclair, Mme Berté, M. Louis-Charles Leclair, et Mme Martel, ainsi que le constate un acte de notoriété reçu par Me....., notaire soussigné, le.....
Par acte passé devant Me....., notaire soussigné, le....., il a été procédé entre M. Leclair et ses

---

(1) Demolombe, XXIII, 4; Cass., 4 mai 1846, 4 juin 1849.

(2) Merlin, *Part. d'asc.*, 13; Duranton, IX, 622; Demolombe, XXIII, 7; Laurent, XV, 15, 17; Cass., 5 janvier 1846.

(3) Genty, p. 118; Demolombe, XXIII, 14.

(4) Demolombe, XXIII, 15; Aubry et Rau, § 729-5; Bonnet, 337; Cass., 20 juin 1837, 3 juin 1863.

(5) Demolombe, XXIII, 50.

le père abandonne ses biens à l'un de ses enfants sous réserve d'usufruit ou à la charge d'une rente viagère dans les termes de l'art. 918 C. civ., même lorsque les autres enfants y donnent leur assentiment (1).

9. Partages multiples. — L'ascendant est admis à faire plusieurs partages, soit entre vifs, soit par testament et à des époques différentes (2).

§ 2. *Capacité pour disposer.*

10. Ascendants. — C'est aux père et mère et autres ascendants que la loi accorde le droit de faire le partage anticipé de leurs biens entre leurs enfants et descendants.

11. Mandataire. — Les père et mère peuvent constituer un mandataire à l'effet de faire le partage anticipé de leurs biens entre leurs enfants (3). La procuration doit être authentique et passée en minute.

12. Femme mariée. — La femme mariée a capacité de faire un partage anticipé avec l'autorisation de son mari. Cette autorisation résulterait suffisamment du concours de son mari à l'acte (4). On verra, *infra* n° 118, que la femme dotale, quand ce n'est point pour l'établissement de ses enfants, ne peut donner ses biens dotaux à titre de partage anticipé.

13. Capacité. — Pour faire entre vifs un partage d'ascendant ou pour recevoir par un tel partage, il faut être capable de disposer ou recevoir, suivant les règles du droit commun. Nous allons en faire l'application à divers cas.

14. Mineur. — Le mineur pourrait, par acte testamentaire, faire un partage de ses biens entre ses enfants; mais s'il fait des dispositions par préciput, ce doit être dans la limite de l'article 1029 C. civ. (5).

15. Interdit. — L'interdit judiciairement, si l'on adopte la doctrine qui le déclare capable de tester pendant un intervalle lucide, pourrait aussi, durant cet intervalle, faire un partage entre vifs ou testamentaire (6).

16. Aliéné. — Quant à la personne placée dans un établissement public ou privé d'aliénés, le partage anticipé qu'elle aurait consenti ne serait attaquable que pour cause de démence (7).

17. Conseil judiciaire. — Le pourvu d'un conseil judiciaire peut faire un partage

---

quatre enfants, à la liquidation et au partage tant de la communauté ayant existé entre M. et Mme LECLAIR, père et mère, que de la succession de Mme LECLAIR.

Depuis Mme MARTEL, l'une des enfants, est décédée en son domicile à....., le....., laissant pour seuls héritiers ses deux enfants mineurs, ci-après nommés, ainsi que le constate l'intitulé de l'inventaire après son décès dressé par Me...., notaire soussigné, le.....

M. LECLAIR, comparant, voulant éviter le partage judiciaire de sa succession, que nécessiterait la présence des mineurs MARTEL parmi ses héritiers, a résolu, avec l'assentiment de ses enfants et du représentant des mineurs, de faire le partage anticipé de ses biens entre ses enfants et petits-enfants.

Il y est procédé ainsi qu'il suit :

PARTAGE ANTICIPÉ.

M. LECLAIR, par ces présentes, fait donation entre vifs, à titre de partage anticipé, en conformité des articles 1075 et suivants du Code civil,

A : 1° M. LECLAIR (Jules-Eugène), cultivateur, demeurant à.....;

2° Mme LECLAIR (Thérèse-Rosalie), épouse assistée et pour ces présentes autorisée de M. Victor-Louis BERTÉ, charron, avec lequel elle demeure à.....;

3° M. LECLAIR (Louis-Charles), marchand épicier, demeurant à.....;

---

(1) Genty, p. 103; Demolombe, XXIII, 52; Cass., 4 déc. 1839.
(2) Demolombe, XXIII, 70; Aubry et Rau, § 729-13 et 731-15.
(3) Genty, p. 126; Laurent, XV, 33; Toulouse, 10 mars 1843.
(4) Laurent, XV, 34; Douai, 3 août 1846.

(5) Genty, p. 120; Demolombe, XXIII, 23; Aubry et Rau, § 729-9; Réquier, 44. CONTRA : Bonnet, 150.
(6) Valette, *Explic. somm.*, titre VI, n° 20; Demolombe, XXIII, 23.
(7) Demolombe, XXIII, 24.

testamentaire. Mais pour le partage anticipé entre vifs, il doit être assisté de son curateur (1).

18. Condamné. — Le condamné à une peine afflictive perpétuelle, étant privé du droit de disposer de ses biens en tout ou en partie, soit par donation entre vifs, soit par testament (loi 31 mai 1854, art. 3), ne peut faire un partage d'ascendant même testamentaire, et celui qu'il aurait fait, dans cette forme, avant sa condamnation, *serait nul* (2).

19. Interdiction légale. — L'interdit légalement pendant la durée de sa peine, par suite de sa condamnation aux travaux forcés à temps, à la détention ou à la réclusion (C. pén., 28), n'a pas capacité pour faire le partage anticipé de ses biens par acte entre vifs (3); mais, suivant quelques auteurs, il le peut sous forme de testament (4).

20. Etranger. — L'étranger, même non naturalisé en France, est capable pour faire un partage entre vifs ou testamentaire, relativement à ses biens situés ou dus en France (5).

21. Garantie. — L'ascendant, comme donateur, n'est pas tenu de plein droit à la garantie pour cause d'éviction (6); mais il peut s'y obliger, *infra* n° 102.

§ 3. *Capacité pour recevoir.*

22. Enfants. — On comprend, parmi les enfants entre lesquels le partage d'ascendant peut être fait, non seulement ceux qui sont légitimes, mais aussi les enfants adoptifs, soit entre eux, soit concurremment avec des enfants légitimes nés depuis l'adoption (7), comme aussi l'enfant naturel, puisqu'il a un droit héréditaire semblable à celui des enfants légitimes (8).

23. Donataire contractuel. — On verra *infra* n° 84 que l'on peut aussi y faire figurer un donataire contractuel.

24. Enfant unique. — Si le donataire est unique enfant, et que ses père et mère lui fassent donation de tous leurs biens, cet acte n'a pas le caractère du partage anticipé (9).

25. Nés ou conçus. — La qualité exigée pour recevoir par donation entre vifs, en ce qui concerne les enfants, est qu'ils soient conçus (C. civ. 906) et, en outre, d'être capables de recevoir et de contracter (10).

26. Condamné. — L'enfant condamné à une peine afflictive perpétuelle ne pourrait être compris dans un partage d'ascendant (11) (Loi 31 mai 1854, art. 3).

Ses trois enfants et présomptifs héritiers chacun pour un quart, ici présents et qui acceptent expressément.

4° Les mineurs :

Martel (Auguste-Honoré), né à....., le....,

Et Martel (Louise-Hélène), née à....., le....,

Ses deux petits-enfants issus du mariage de Mme Florence Leclair, leur fille, avec M. Joseph Martel, et ses présomptifs héritiers pour le dernier quart, soit chacun pour un huitième par représentation de Mme Martel, leur mère.

Ce qui est expressément accepté pour les deux mineurs, par M. Joseph Martel, horticulteur, demeurant à....., ici présent, en sa qualité d'ascendant, conformément à l'article 935 du Code civil.

De ses biens meubles et immeubles dont la désignation suit :

---

(1) Demolombe, XXIII, 25.

(2) Valette, *Explic. somm.*, p. 25; Demolombe, XXIII, 26; Aubry et Rau, § 729, p. 9.

(3) Demante, I, 172 bis; Duranton, VIII, 181; Boitard, *C. pén.*, p. 188; Valette sur Proudhon, II, p. 554, 556; Troplong, I, 525; Demolombe, I, 192.

(4) Ortolan, *Dr. pén.*, 1557; Chauveau et Élie, I, p. 211; Tribulien, *Dr. crim.*, I, p. 242; Demolombe, I, 192; Rouen, 28 décembre 1822; Nîmes, 16 juin 1835.

(5) Genty, p. 120, 121; Demolombe, XXIII, 28.

(6) Genty, p. 128; Demante, IV, 243 bis-4; Demolombe, XXIII, 127.

(7) Genty, p. 101; Aubry et Rau, § 730-5; Bonnet, 47; Demolombe, XXII, 704.

(8) Genty, p. 120; Réquier, 161; Bonnet, 548; Aubry et Rau, § 730-5; Demante, IV, 240 bis-3; Demolombe, XXII, 705. Contra : Duranton, IX, 635; Troplong, 2324.

(9) Demolombe, XXIII, 55; Aubry et Rau, § 728-8; Laurent, XV, 13; Cass., 12 août 1838, 20 janvier 1840, 4 janvier 1847, 26 janvier et 5 juin 1848, 12 mars 1849.

(10) Voir Rennes, 19 mai 1884; Defrénois, *Rép.* 2176.

(11) Valette, *Explic. somm.*, I, p. 24; Demolombe, XXIII, 30.

27. Absent. — Si l'un des enfants est absent et que son existence ne soit pas reconnue, l'ascendant peut ne pas le comprendre dans le partage, de même que les autres enfants après le décès du père ont la latitude de partager entre eux la part qui lui aurait été attribuée. Quand l'ascendant veut le comprendre dans un partage entre vifs et que l'absence est déclarée, l'acceptation peut être faite par les envoyés en possession ou par le conjoint administrateur légal (C. civ., 134). S'il n'y avait que présomption d'absence, l'ascendant serait admis à provoquer la nomination d'un mandataire spécial ou d'un curateur pour accepter le partage au nom de l'enfant (1).

28. Mineurs, interdits. — L'existence parmi les enfants de mineurs, interdits ou autres incapables, n'oblige pas, comme en matière de partage de succession, à recourir aux formalités judiciaires; de même qu'il n'est pas nécessaire de donner à chacun des enfants ou interdits ayant des intérêts opposés un tuteur spécial et particulier (2).

§ 4. *Acceptation.*

29. Tous les enfants. — Tous les enfants et descendants présomptifs héritiers des donateurs doivent consentir au partage anticipé entre vifs, autrement dit l'accepter soit dans l'acte même de donation soit par acte postérieur. A défaut d'acceptation ou d'acceptation non légalement notifiée (3), de la part d'un seul des enfants, il est nul en raison de ce que l'un des enfants a été omis, *infra* n° 239, même à l'égard des enfants qui l'auraient accepté (4); peu importe que ceux qui ne l'ont pas accepté viennent à mourir avant l'ascendant ou à renoncer à sa succession après son décès (5). Tant qu'il n'a pas été légalement accepté par tous les enfants, le donateur peut le *révoquer* et son décès l'anéantit (6).

30. Mode d'acceptation. — Le partage d'ascendant entre vifs est soumis aux formes d'acceptation prescrites pour les donations : les majeurs par eux-mêmes ou par leurs fondés de pouvoirs en vertu d'un mandat authentique (7); les femmes mariées avec l'autorisation de leurs maris, cette autorisation suffit même lorsqu'elles sont soumises au régime dotal (8); les mineurs, les interdits, les pourvus d'un conseil judiciaire, les sourds-muets, comme au titre des donations.

DÉSIGNATION (Nos 37 à 44).

Biens meubles.

1° Les meubles meublants et objets mobiliers, garnissant la maison qu'il habite à....., décrits et estimés à la somme de dix-huit cent douze francs, suivant acte reçu par Me....., notaire soussigné, ce jourd'hui, dont l'original, devant être enregistré avec ces présentes, est demeuré ci-annexé après avoir été certifié véritable et revêtu d'une mention d'annexe signée des parties et des notaire et témoins.

2° Une créance de trois mille francs en principal, due par M. Jean-Baptiste MERRI, cultivateur, et Mme Jeanne-Elise BLAY, son épouse, en vertu d'un acte d'obligation pour prêt, reçu par Me....., notaire soussigné, le....., par lequel la créance a été stipulée remboursable le..... et productive d'intérêts à cinq pour cent par an, payable par semestres, les..... Elle est garantie par une hypothèque inscrite au bureau des hypothèques de....., le....., vol....., n°.....

3° Cent francs de rente trois pour cent sur l'Etat français, faisant l'objet d'un certificat au nom de M. LECLAIR (Charles-Auguste), portant le n° 43712 de la 6e série. Cette rente représente au

---

(1) Genty, p. 124; Demolombe, XXIII, 35.

(2) Genty, p. 122 et 124; Toullier, V, 812; Aubry et Rau, § 729-9; Demolombe, XXIII, 36; Laurent, XV, 16; Besançon, 16 janvier 1846; Cass., 4 mai 1846.

(3) Cass., 20 juillet 1856; Agen, 28 novembre 1855; Bordeaux, 22 mai 1861.

(4) Duranton, IX, 639; Aubry et Rau, § 729-11; Troplong, 2309; Demolombe, XXIII, 10; Laurent, XV, 19; Genty, p. 118; Riom, 11 août 1821; Cass., 11 avril 1838; 27 mars 1839; Bastia, 10 avril 1854.

(5) Demolombe, XXIII, 10; Aubry et Rau, § 729-12; Laurent, XV, 19, 20. CONTRA : Genty, p. 119; Réquier, 47; Bonnet, 316.

(6) Aubry et Rau, § 729, p. 11.

(7) Demolombe, XXIII, 32.

(8) Aubry et Rau, § 729-10; Cass., 4 juin 1849.

31. Aliéné. — Si une personne non interdite se trouve dans un établissement d'aliénés, l'administrateur provisoire peut accepter en son nom le partage d'ascendants (1).

32. Absent. — En ce qui concerne l'absent, voir *supra* n° 27.

33. Mineurs, interdits. — Le partage conformément à l'article 935 C. civ. peut être accepté par le tuteur avec l'autorisation du conseil de famille ; — et par tout ascendant sans autorisation, même n'étant plus tuteur (2). Si le partage anticipé est fait par père et mère, il peut être accepté au nom des mineurs : par la mère autorisée de son mari pour la donation faite par celui-ci ; et par le père quant à la donation de la mère (3).— Quand le partage anticipé fait par contrat de mariage a eu lieu au profit d'un futur époux mineur avec répartition de la valeur entre les autres enfants, l'acceptation peut être faite par lui avec la seule assistance de ses père et mère (4).

34. Charges. — L'ascendant a le droit d'accepter au nom des mineurs, même quand le partage anticipé a lieu avec réserve d'usufruit transmissible au survivant, *infra* n° 111, ou à la charge d'une rente viagère en proportion avec les biens donnés et l'obligation de fournir des aliments aux ascendants (5), même lorsqu'une soulte à la charge des mineurs a été stipulée, alors que loin d'être onéreuse pour le mineur elle est au contraire favorable à ses intérêts (6). — Toutefois si la donation est à titre onéreux, voir *infra* n° 90.

35. Femme dotale. — La femme mariée sous le régime dotal, avec constitution en dot de tous ses biens présents et à venir, a capacité sous la seule autorisation de son mari, à l'effet d'accepter un partage d'ascendants (7).

36. Enfant non acceptant. — **Préciput.** — Si le partage anticipé a été fait à la condition que s'il n'est pas accepté par tous les enfants, ceux d'entre eux qui l'auraient accepté garderont leur lot par préciput, cette condition est valable (8).

§ 5. Biens à y comprendre.

37. Biens présents. — Le partage anticipé entre vifs ne peut porter que sur des biens présents. S'il comprend des biens à venir, par exemple des biens que le donateur se proposerait d'acquérir ou qui pourraient lui échoir dans une succession non encore

---

cours d'hier, étant de quatre-vingt-quatorze francs vingt centimes, une somme de trois mille cent vingt francs.

4° Huit obligations trois pour cent de la compagnie des chemins de fer de l'Ouest, en un certificat au nom de M. Leclair (Charles-Auguste), portant le n° 356715. Ces obligations au capital nominal de cinq cents francs, produisant quinze francs d'intérêt annuel, payables les....., représentent au cours d'hier, étant de quatre cent trente-deux francs, une somme de trois mille trois cent cinquante-six francs.

Biens immeubles.

5° Une maison située à....., rue....., composée de cuisine, chambre à feu, deux chambres froides, étable à vaches, grange, avec grenier sur le tout couvert en tuiles, petits bâtiments accessoires, cour et jardin, le tout d'une superficie de trente-deux ares dix-sept centiares, figuré au plan cadastral section A, n°ˢ 42, 43 et 44, tient d'un côté à Charles Minet, d'autre côté à Louis Melin, par devant à la rue du Château, au fond aux héritiers Denis.

6° Une pièce de terre en labour, plantée de deux rangées d'arbres fruitiers, située commune de....., lieudit....., de la contenance de trois hectares vingt-huit ares, section B, n° 115 du plan cadastral, tenant d'un côté à Eloi Menard, d'autre côté à Jean Blond, d'un bout à Henri Tounel, par devant au chemin des Sentiers.

<hr>

<table>
<tr><td>

(1) Genty, p. 123 ; Demolombe, XXIII, 34.
(2) Nîmes, 10 avril 1847 ; Grenoble, 11 janvier 1864.
(3) Duranton, IX, 623 ; Demolombe, XXIII, 37 ; Laurent, XV, 21 ; Aubry et Rau, § 729-8 ; Réquier, 50 ; Paris, 23 juin 1849 ; Poitiers, 20 février 1861 ; Metz, 18 juin 1863.

</td><td>

(4) Lyon, 30 novembre 1874.
(5) Demolombe, XXIII, 38.
(6) Grenoble, 11 janvier 1864.
(7) Aubry et Rau, § 729-10 ; Cass., 4 juin 1849.
(8) Cass., 17 novembre 1846 ; Defrénois, *Rép.* 2508-5.

</td></tr>
</table>

ouverte, la disposition serait nulle à l'égard de ces biens, et la nullité pourrait entraîner celle du partage si elle avait pour effet de rompre l'égalité (1).

38. Tout ou partie. — Il est permis d'y faire entrer soit la totalité des biens, soit une partie aliquote, soit quelques-uns des biens ou même un seul, ou une somme d'argent, *infra* n° 124, puisque, comme le partage d'une succession, il peut être partiel (2). Les biens non compris dans le partage d'ascendant forment la succession *ab intestat* du donateur.

39. Donations séparées. — L'ascendant pourrait même lotir chacun de ses enfants par des donations séparées, à la condition que les enfants y donnent leur adhésion. Dans ce cas, il est préférable de les comprendre dans le dernier lotissement au moyen du rapport par les précédents donataires (3).

40. Mobilier; état. — S'il comprend des objets mobiliers, un état descriptif et estimatif est nécessaire.

41. Epoux séparément. — Il est permis à chacun des époux de faire séparément le partage anticipé de ses biens personnels, mais non de sa part dans les biens de la communauté existant entre eux, même lorsqu'il a lieu entre vifs, si l'autre époux ne peut ou ne veut y concourir (4). Voir *infra* n° 163.

§ 6. *Dessaisissement.*

42. Actuel. — Le donateur devant se dépouiller actuellement de la chose donnée (C. civ., 894), le partage anticipé serait nul si l'ascendant ne se dessaisissait pas en faveur de ses enfants (5).

43. Opposable aux créanciers. — On verra *infra* n° 143 que le partage anticipé est opposable aux créanciers du donateur.

44. Effet déclaratif. — Quoique le partage d'ascendant ait le caractère de la

---

7° Une autre pièce de terre en labour, même commune, lieudit....., de la contenance de un hectare quatre-vingts ares, section C, n° 12 du plan cadastral, tenant d'un côté à Baptiste Claudin, d'autre côté à Joseph Lucas, d'un bout à Honoré Lormel, d'autre bout au chemin du Marais.

8° Une prairie, même commune, lieudit....., section H, n° 48 du plan cadastral, de la contenance de quatre vingt-deux ares vingt-cinq centiares, tenant d'un côté à Jules Belet, d'autre côté à Louis Fresne, d'un bout au ruisseau des Bœufs, d'autre bout au sentier des Hayettes.

9° Un bois taillis, sis même commune, lieudit....., de la contenance de un hectare seize ares, section D, n° 63 du plan cadastral, tenant d'un côté à Luc Clin, d'autre côté à Léon Dubois, d'un bout à la forêt, d'autre bout à la route.

ORIGINE DE PROPRIÉTÉ DES IMMEUBLES.

Les immeubles n°ˢ 5 et 7 et la moitié de la pièce de terre n° 6 du côté d'Eloi Ménard, appartiennent en propre à M. Leclair, donateur, comme faisant partie du lot à lui échu par le partage des successions de M. Octave Leclair et Mᵐᵉ Véronique Loir, ses père et mère décédés à....., le mari le....., et la femme le....., opéré entre lui, son frère et sa sœur, suivant acte reçu par Mᵉ....., notaire à....., le.....

Les immeubles n°ˢ 8 et 9 et l'autre moitié de celui n° 6 ont été attribués à M. Leclair père, par le partage de la communauté ayant existé entre lui et sa défunte épouse, mentionné en l'exposé se trouvant en tête des présentes.

Ces immeubles dépendaient de la communauté en vertu des contrats d'acquisition énoncés par ce partage, auquel il est référé à la réquisition des parties.

---

(1) Aubry et Rau, § 731-14; Réquier, 124; voir cep. Demolombe, XXIII, 66 et 67; Genty, p. 132.

(2) Genty, p. 130, 165; Troplong, 2315; Demolombe, XXIII, 39, 69; Laurent, XV, 39; Aubry et Rau, § 731-15.

(3) Genty, p. 165, 166; Demolombe, XXIII, 40; Aubry et Rau, § 729-13; Bonnet, 355; Montpellier, 27 juillet 1869; Bordeaux, 8 mars 1870.

(4) Demolombe, XXIII, 86.

(5) Laurent, XV, 35; Nancy, 22 janvier 1838.

donation à l'égard de la transmission des biens, la division entre les enfants, qu'elle soit l'œuvre de l'ascendant ou qu'elle ait lieu entre les enfants sans son intervention, constitue un partage auquel est attaché l'effet déclaratif résultant de l'art. 883 C. civ., en ce sens que chacun d'eux a toujours été propriétaire des biens compris dans son lot et n'a jamais été propriétaire des biens attribués aux autres (1).

§ 7. *Division des biens.*

45. Donateur. — Il est de l'essence du partage anticipé que le donateur fasse lui-même entre ses enfants la répartition des biens dont il se démet. Cette forme est obligatoire quand, parmi les enfants et descendants, il se trouve des mineurs ou autres incapables ; car un partage entre les donataires par l'acte même ou par acte séparé ne serait pas valable à l'égard des mineurs, un tel partage ne pouvant avoir lieu qu'avec les formalités de justice. Décidé que si le partage a lieu entre les enfants par l'acte même de démission de biens en mentionnant qu'il a lieu sous l'influence et avec le concours de l'ascendant, il constitue un acte unique (2).

46. Enfants. — Si le partage, même par l'acte de démission de biens, a lieu entre les enfants sans la participation de l'ascendant, il constitue un partage entre copropriétaires indivis, dont les effets sont différents, ainsi que nous l'établissons *infra* n° 73.

47. Femme dotale. — Quand parmi les enfants il se trouve une femme dotale, tenue au remploi du prix de ses immeubles seulement, et que le partage porte sur des biens meubles et des biens immeubles, il est utile de lui attribuer des immeubles jusqu'à concurrence de sa part, car si son lot comprenait moins d'immeubles et plus de meubles, elle pourrait être fondée à critiquer le partage. Si une soulte a été stipulée à son profit pour le complément de sa part dans les immeubles, elle doit en faire emploi (3).

48. Biens de même nature. — Le partage anticipé étant un partage forcé, doit

---

ATTRIBUTIONS (Nᵒˢ 45 à 51).

De suite, M. Leclair, donateur, a fait la division des biens donnés, entre ses enfants et petits-enfants, de la manière suivante :

I. M. Leclair *(Jules-Eugène).*

Pour remplir M. Jules-Eugène Leclair de son quart dans les biens donnés, M. Leclair père lui attribue, à titre de partage anticipé, ce qu'il accepte :

1º Les meubles meublans et objets mobiliers formant l'art. 1ᵉʳ de la masse ;

2º La maison composant l'art. cinq ;

3º Et la moitié de la pièce de terre, compris sous l'article six, à prendre du côté attenant à M. Eloi Ménard,

A la charge de payer à ses copartagés, à titre de soulte, pour la plus-value de son lot, une somme de douze cents francs.

II. Mᵐᵉ Berté.

Pour remplir Mᵐᵉ Berté de son quart dans les mêmes biens, M. Leclair père lui attribue aussi, à titre de partage anticipé, ce qu'elle accepte avec l'autorisation de son mari :

1º Les cent francs de rente 3 p. 0/0, faisant l'objet de l'article trois ;

2º Et la pièce de terre composant l'article sept de la masse.

III. M. Leclair *(Louis-Charles).*

Pour remplir M. Leclair (Louis-Charles) de son quart dans les biens donnés, M. Leclair père lui attribue, à titre de partage anticipé, ce qu'il accepte :

1º Les huit obligations de la compagnie des chemins de fer de l'Ouest, formant l'article quatre de la masse ;

---

(1) Aubry et Rau, § 733-7 ; Réquier, 88 ; Bonnet, 492 ; Cass., 4 juin 1849.
(2) Cass., 4 juin 1849 ; Agen, 17 novembre 1856.

(3) Demolombe, XXIII, 138. Contra : Genty, p. 284 ; Cass., 4 juin 1849.

être considéré à l'égard de la division des biens comme un partage judiciaire, de sorte qu'il est soumis à la règle de l'article 832 du Code civil, suivant lequel on doit faire entrer dans chaque lot, s'il se peut, la même quantité de meubles, d'immeubles, de droits ou créances de même nature et valeur; il n'est donc pas soumis à la seule appréciation de l'ascendant comme s'il s'agissait d'un partage conventionnel, et celui-ci doit se soumettre à cette règle, que le partage soit entre vifs ou testamentaire, de sorte que le partage est susceptible d'être annulé si l'ascendant ne s'y est pas conformé (1). Il en est autrement si la division est l'œuvre exclusive des enfants maîtres de leurs droits, car alors elle constitue un partage conventionnel, *infra* n° 74.

49. Biens impartageables. — Toutefois, il y a exception à la règle et l'ascendant peut attribuer ses immeubles à l'un ou à plusieurs des enfants à la charge de soultes, quand les immeubles sont impartageables, *infra* n° 81.

50. Nue propriété et usufruit. — Il n'y aurait pas une égale répartition des biens dans l'attribution à l'un de la nue propriété et à l'autre de l'usufruit. Une telle attribution constituerait non un partage, mais une disposition de chaque nature de propriété et, dès lors, ne formerait pas un partage d'ascendant (2).

51. Nullité. — Lorsque l'ascendant, alors que cela était possible, ne s'est pas conformé à la règle de l'égale répartition des biens, le partage doit être annulé sans que l'on

---

2° La prairie, faisant l'objet de l'article huit;

3° La moitié, à prendre du côté de Luc CLIN, du bois compris sous l'article neuf;

4° Et une somme de six cents francs à toucher, à titre de soulte, de M. LECLAIR (Jules-Eugène).

IV. *Mineur.* MARTEL *(Auguste-Honoré).*

Pour le remplir de son huitième dans les biens donnés, M. LECLAIR, donateur, lui attribue au même titre de partage anticipé, ce qui est accepté par M. MARTEL, son père :

1° La moitié de la créance sur les époux MERRI, composant l'article deux de la masse;

2° L'autre moitié de la pièce de terre désignée à l'article six de la masse, à prendre du côté attenant à Jean BLOND;

3° Et une somme de deux cents francs à toucher de M. LECLAIR (Jules-Eugène), à titre de soulte.

V. *Mineure.* MARTEL *(Louise-Hélène).*

Enfin, pour remplir la mineure MARTEL de son huitième dans les mêmes biens donnés, M. LECLAIR, donateur, lui attribue, au même titre, ce qui est accepté par M. MARTEL, son père :

1° L'autre moitié de la créance sur les époux MERRI, formant l'article deux de la masse;

2° L'autre moitié du bois, article neuf, à prendre du côté attenant à Léon DUBOIS;

3° Et une somme de quatre cents francs à toucher de M. LECLAIR (Jules-Eugène), à titre de soulte.

CONDITIONS DU PARTAGE ANTICIPÉ (N°s 52 à 64).

1° *Réserve d'usufruit. — Jouissance* (N°s 42 à 44 et 53).

M. LECLAIR père réserve l'usufruit à son profit et pendant sa vie, de la totalité des biens faisant l'objet du présent partage anticipé pour en jouir par lui-même en ce qui concerne les immeubles, ou les louer et affermer, mais pour un temps qui ne devra pas excéder l'année courante et les deux années suivantes, à partir de son décès, M. LECLAIR père s'interdisant de faire des baux qui excèdent cette durée.

En conséquence, les donataires auront la nue propriété des biens compris dans leurs lots, à partir d'aujourd'hui, et ils en prendront la jouissance à compter du jour du décès de M. LECLAIR, donateur.

---

(1) Toullier, V, 866; Duranton, IX, 659; Troplong, 3203; Taulier, IV, p. 209; Aubry et Rau, § 721-1 et 3; Massé et Vergé, § 568-4; Demolombe, XXIII, 201; Bonnet, 283 à 290; Limoges, 5 août 1836; Caen, 27 mai 1843; Lyon, 20 janvier 1837, 30 août 1848; Agen, 18 avril 1849, 17 novembre 1830, 1er juin 1858, 7 février et 22 mars 1865; Bordeaux, 7 janvier 1853; Rouen, 9 mars 1855; Grenoble, 10 mai 1873; Chambéry, 23 juillet 1873; Cass., 12 avril 1831, 11 mai 1847, 28 février 1855, 25 février et 11 août 1856, 18 août 1859, 6 février 1860, 24 juin 1868. CONTRA : Genty, p. 147 et suiv.; Demante, IV, 243 bis-17; Laurent, XV, 60 et suiv.; Nîmes, 11 février 1823, 10 avril 1847, 20 novembre 1854; Grenoble, 25 novembre 1824; Riom, 10 mai 1831; Poitiers, 20 février 1861.

(2) Laurent, XV, 68; Cass., 25 février 1856.

puisse le maintenir en imposant au défendeur l'obligation de fournir au demandeur une bonification en réparation du préjudice (1), ni en reconnaissant que l'inégale répartition n'a causé aucune lésion; et l'action en nullité ne saurait être arrêtée par l'offre que le défendeur ferait au demandeur d'un supplément de sa portion héréditaire (2).

§ 8. *Conditions du partage.*

52. Généralité. — Le partage d'ascendant peut être pur et simple, ou à terme, ou sous condition suspensive, ou résolutoire. Il est d'usage, après la division des biens, d'indiquer les clauses et conditions susceptibles d'être stipulées, comme aussi les charges imposées aux donataires.

53. Réserve d'usufruit. — Rente. — Presque toujours le partage anticipé a lieu sous réserve d'usufruit ou moyennant une rente viagère à servir à l'ascendant donateur; quand l'usufruit ou la rente viagère sont reversibles (voir *infra* nos 107 et suiv.). — Si, en donnant tous ses biens, l'ascendant ne se réservait pas l'usufruit ni une rente viagère, les copartagés lui devraient des aliments en qualité d'enfants et de donataires (3).

54. Charges onéreuses. — Comme aussi sous des charges onéreuses, par exemple, le payement d'une somme au donateur, l'acquit de ses dettes, une stipulation en faveur d'un tiers (4), etc. Voir *infra* nos 87 et suiv.

2o *Impôts.*

Ils acquitteront les impôts des immeubles entrés dans leurs lots, à partir du jour de leur entrée en jouissance.

3o *Etat des bâtiments. — Contenance.*

Ils prendront les immeubles à eux attribués dans l'état où ils se trouvent avec leurs dépendances, sans exception ni réserve, comme aussi sans garantie, tant du bon état des bâtiments que des contenances exprimées pour les terrains, dont la différence en plus ou en moins sera au bénéfice ou à la perte de ceux des copartagés dans les lots desquels elle se trouverait exister.

4o *Servitudes.*

Ils supporteront les servitudes passives, apparentes ou occultes, continues ou discontinues, pouvant grever les immeubles à eux attribués, sauf à s'en défendre et à profiter de celles actives, s'il en existe, à leurs risques et périls.

5o *Bornage; arbres.*

Dans le délai d'un mois de ce jour, il sera fait la division et le mesurage, ainsi que la plantation de bornes sur les lignes de division; le tout à frais commun, comme frais de partage entre tous les donataires :

1o De la pièce de terre, article six de la masse, attribuée par moitié à M. Leclair (Jules-Eugène) et au mineur Martel (Auguste-Honoré);

2o Du bois-taillis, article neuf, attribué par moitié à M. Leclair (Louis-Charles) et à la mineure Martel.

Les arbres qui, par suite de la division de la pièce de terre, article six de la masse, se trouveront à une distance de la ligne séparative moindre que celle voulue par la loi, continueront d'exister ainsi; mais s'ils viennent à être arrachés ou à périr par quelque cause que ce soit, ils ne pourront être remplacés qu'à la distance prescrite.

6o *Payement de soulte; privilége; inscription.*

Les soultes mises à la charge de M. Leclair (Jules-Eugène) et attribuées à M. Leclair (Louis-Charles) et aux mineurs Martel, seront payables, ainsi que M. Leclair (Jules-Eugène) s'y oblige, au domicile à cet effet élu à....., en l'étude de Me....., notaire soussigné, dans l'année du décès de M. Leclair, donateur, avec intérêt à cinq pour cent par an, à compter du même jour.

---

(1) Genty, p. 325; Aubry et Rau, § 732-5; Demolombe, XXIII, 206. Contra : Cass., 12 août 1840.

(2) Genty, p. 325; Aubry et Rau, § 732-6; Demolombe, XXIII, 206; Laurent, XV, 70; Rouen, 9 mars 1855; Cass., 10 novembre 1847, 2 août 1848, 25 février 1856, 18 janvier 1872.

(3) Laurent, XV, 35.

(4) Aubry et Rau, § 731-8; Demolombe, XXIII, 59; Laurent, XV, 35; Rouen, 22 mars 1839; Bordeaux, 30 juillet 1849.

55. Révocation. — On verra *infra* nº 92 que la révocation du partage d'ascendant peut être prononcée à la demande du donateur pour cause d'inexécution des conditions.

56. Privilège. — Les biens attribués à chacun des enfants sont grevés du privilège de copartageant, pour assurer le payement des soultes imposées aux enfants en faveur les uns des autres, pour la garantie des lots en conformité des articles 884 et 886 C. civ., pour le supplément de part héréditaire promis par un copartageant à titre de transaction sur une demande en rescision pour lésion, et, généralement, pour tous engagements des copartagés les uns envers les autres (1). Les copartageants peuvent, par l'acte même de partage, renoncer à ce privilège pour tout ou partie (2).

57. Inscription. — Ce privilège doit être inscrit pour être opposable : aux tiers acquéreurs dans le délai de 45 jours et aux tiers créanciers dans le délai de 60 jours (C. civ., 2109 ; loi 23 mars 1855 art. 6). Ces délais courent de la date du partage d'ascendant (3). Le privilège de copartageant, même inscrit dans le délai de la loi, lorsqu'il résulte d'un partage anticipé non transcrit, n'est pas opposable aux créanciers du donateur inscrits sur les immeubles donnés en vertu d'hypothèques consenties postérieurement à la donation, car le partage anticipé est sans effet au regard des tiers, lorsqu'il n'a pas été rendu public par la transcription (4).

58. Retour conventionnel. — L'ascendant, en faisant le partage anticipé de ses

---

A la garantie du payement de ces soultes, avec tous intérêts ou autres accessoires, les immeubles attribués à M. Leclair (Jules-Eugène) demeureront grevés du privilège de copartageant. Ce privilège serait inscrit dans le délai d'un mois de ce jour.

7º Garantie des lots.

Les copartagés seront tenus les uns envers les autres à la garantie des lots, en conformité des articles 884 et 886 du Code civil. Les parties conviennent que le privilège de garantie des lots ne sera pas inscrit quant à présent.

8º Droit de retour.

M. Leclair, donateur, fait réserve à son profit du droit de retour, en ce qui concerne les biens attribués à chacun de ses enfants et descendants, pour le cas où l'un ou plusieurs d'eux viendraient à le prédécéder sans enfants ; comme aussi dans le cas où les enfants qu'ils laisseraient, prédécéderaient le donateur.

9º Interdiction d'aliéner.

M. Leclair père, en raison de la réserve d'usufruit ci-dessus stipulée à son profit, interdit formellement aux donataires, qui s'y soumettent, de vendre, aliéner ou hypothéquer, pendant sa vie, à moins qu'il n'y consente, tout ou partie des biens à eux attribués, à peine de nullité des ventes, aliénations et hypothèques et de révocation des présentes.

10º Donation éventuelle d'excédent de lots.

Pour le cas où l'un ou plusieurs des lots seraient d'une valeur supérieure aux autres, M. Leclair père fait donation, par préciput et hors part, de l'excédent, à celui ou à ceux des donataires dans les lots desquels il se trouverait exister, ce qui est expressément accepté par chacun d'eux, M. Martel pour ses enfants mineurs.

11º Condition de ne pas attaquer le partage.

Le donateur impose expressément aux donataires, qui s'y soumettent, la condition de ne pas attaquer le présent partage. Si cependant ce partage vient à être attaqué pour quelque motif que ce soit, par l'un ou plusieurs des donataires, M. Leclair père déclare priver de toute part dans la quotité disponible, celui ou ceux qui se refuseront à son exécution. Et, pour ce cas, ils font donation, par préciput et hors part, de la quotité disponible, à celui ou ceux des donataires contre lesquels l'action sera intentée, ce qui est accepté par les donataires, M. Martel pour ses enfants mineurs.

---

(1) Toullier, V, 807 ; Duranton, IX, 633 ; Demante, IV, 243 bis-14 ; Demolombe, XXIII, 115 ; Genty, p. 303 ; Réquier, 86 ; Aubry et Rau, § 733-9 ; Laurent, XV, 85 ; Grenoble, 8 janvier 1851.
(2) Cass., 3 mars 1856.
(3) Duranton, IX, 289 ; Troplong, *Priv.*, 315 ; Aubry et Rau, § 733-8 ; Demolombe, XXIII, 134 ; Laurent, XV, 87 ; Réquier, 86 ; Bonnet, 482 ; Montpellier, 19 février 1852 ; Besançon, 8 juin 1857 ; Bordeaux, 26 août 1868 ; Cass., 4 juin 1849, 7 août 1860.
(4) Paris, 2 mai 1860.

biens, a le droit de stipuler le droit de retour pour le cas de prédécès de l'un ou plusieurs des donataires et de leur postérité (1).

59. Interdiction d'aliéner. — L'ascendant donateur a la faculté, alors surtout qu'il a été stipulé un droit de retour, ou la réserve d'usufruit, ou la charge de lui servir une rente viagère, d'imposer la prohibition d'aliéner les biens donnés pendant sa vie.

60. Préciput pour inégalité de lots. — Le préciput ne résulterait pas de la seule répartition des lots par l'ascendant, en ce qui concerne leur inégalité, de sorte que cette répartition n'empêcherait pas que la rescision du partage fût demandée pour lésion de plus du quart (2). — Mais l'ascendant, en prévoyant l'inégalité des lots, peut donner ou léguer par préciput le surplus à ceux des enfants dans les lots desquels ils se trouveraient ; cette disposition doit être expresse et acceptée par les enfants (3) ; elle serait sujette à réduction de la part de ceux qui en souffrent, s'ils n'étaient pas remplis de leur réserve (4). — Cette disposition est liée au partage et n'a pas son existence propre ; dès lors, elle ne pourrait être opposée à des tiers en faveur desquels il serait fait ultérieurement des dispositions sur la quotité disponible ; de même qu'entre les enfants elle n'a d'existence qu'avec le partage et tomberait si le partage venait à être annulé (5).

61. Clause pénale. — Est valable la clause portant que, si l'un ou plusieurs des enfants attaquent le partage, ils seront privés de leurs parts dans la quotité disponible qui,

---

12° *Transcription.*

Une expédition des présentes, en ce qui concerne les immeubles donnés, sera transcrite au bureau des hypothèques de....., dans le délai d'un mois de ce jour, afin que la transmission résultant de cette donation produise tous ses effets à l'égard des tiers.

13° *Subrogation.*

Les mineurs Martel, auxquels a été attribuée la créance de trois mille francs sur les époux Merri, formant l'article deux de la masse, se trouvent subrogés dans les droits et hypothèques de M. Leclair père, notamment dans l'effet de l'inscription prise au bureau des hypothèques de....., le....., vol....., n°.....

Cette subrogation sera opérée en marge de l'inscription avec mention de l'usufruit de M. Leclair père et de la clause d'inaliénabilité pendant sa vie.

14° *Certificats de propriété ; extraits.*

M°....., notaire soussigné, est requis de délivrer :

1° Le certificat de propriété nécessaire pour faire immatriculer la rente de cent francs trois pour cent, conformément aux attributions ci-dessus ;

2° Et les extraits pour l'immatricule des huit obligations de l'Ouest et la subrogation en marge de l'inscription en ce qui concerne la créance, le tout conformément aux attributions ci-dessus.

15° *Titres.*

Les copartagés, après l'extinction de l'usufruit de M. Leclair père, feront la division entre eux des titres de propriété, conformément aux dispositions de l'article 842 du Code civil.

16° *Évaluation pour l'enregistrement.*

Pour la perception du droit d'enregistrement et sans tirer à autre conséquence, les immeubles donnés tous ruraux sont évalués à un revenu annuel, impôts compris, de huit cents francs.

17° *Frais.*

Les frais et honoraires des présentes, y compris les droits d'enregistrement, la soulte, la transcription au bureau des hypothèques, la prise d'inscription, le certificat de propriété, l'immatricule

---

(1) Demolombe, XXIII, 59.

(2) Demolombe, XXIII, 45 ; Aubry et Rau, § 728-14 ; Laurent, XV, 131.

(3) Troplong, 2306 ; Demolombe, XXIII, 44, 45 ; Laurent, XV, 127 ; Genty, p. 183 ; Réquier, 188 ; Dijon, 11 mai 1844 ; Montpellier, 6 mars 1871.

(4) Toullier, V, 812 ; Troplong, 2306 ; Dijon, 11 mai 1844.

(5) Genty, p. 185 ; Aubry et Rau, § 728-15 ; Demolombe, XXIII, 47 ; Laurent, XV, 29 ; Amiens, 15 février 1869 ; Chambéry, 23 juillet 1873 ; Cass., 19 novembre 1867.

pour ce cas, est donnée par préciput à ceux qui le respecteront (1). Il en est ainsi, même quand elle est stipulée dans le cas où le partage d'ascendant est entaché d'une cause quelconque de nullité ou de rescision, si elle ne concerne que l'intérêt privé et particulier des enfants (2); par exemple, si le partage est annulé en raison de ce qu'il ne comprend pas, dans chaque lot, la même quantité de meubles et d'immeubles (3). — Mais la clause pénale est réputée non écrite, s'il s'agit de la nullité ou de la rescision concernant l'ordre public et l'intérêt général (4), ce qui arrive si l'enfant justifie que les dispositions du père de famille portent atteinte à sa réserve légale (5); ou si elle a pour but de porter atteinte à la composition de la masse sur laquelle la quotité disponible et la réserve doivent être calculées après son décès (6). — Si la clause pénale sanctionne plusieurs dispositions, les unes licites et les autres illicites, elle est encourue si l'enfant ne borne pas ses contestations à celles des dispositions qui sont illicites et conteste aussi les dispositions licites (7).

62. Transcription. — Le partage anticipé est soumis comme la donation à la formalité de la transcription au bureau des hypothèques en ce qui concerne les immeubles (8). Le droit de transcription étant perçu lors de l'enregistrement de l'acte, il est du devoir du notaire de veiller à l'accomplissement de cette formalité.

---

de la rente et des obligations, la subrogation aux hypothèques et un extrait pour chaque copartagé seront supportés par les donataires, chacun pour un quart en ce qui concerne les enfants et pour un huitième à l'égard des petits-enfants.

18° Élection de domicile.

Pour l'exécution des présentes, les parties élisent domicile à....., en l'étude de M^e....., notaire soussigné.

Dont acte. Fait et passé à....., en l'étude de M^e....., notaire,

En présence de M. Jules-Irené Floque, propriétaire, et M. Jean-Désiré Martin, marchand mercier, demeurant tous les deux à....., témoins instrumentaires requis.

Et après lecture, les parties ont signé avec les témoins et le notaire.

La lecture des présentes par M^e..... aux parties et la signature par celles-ci ont eu lieu en présence des témoins instrumentaires.

Enregistrement. — Droit proportionnel : 1 p. 100 sur les biens meubles et 1.50 p. 100 sur les biens immeubles, y compris transcription (Lois 16 juin 1824, art. 3, 18 mai 1850 et 21 juin 1876, art. 1er). — Droit proportionnel à 4 p. 100 sur le montant de la soulte (Loi 18 mai 1850, art. 5).

FORMULE 2. — Partage anticipé par mère veuve; rente viagère et habitation; tirage au sort des lots (N°s 65 et 66).

Par devant M^e.....

A comparu :

Mme Feutry (Zoé-Augustine), propriétaire, demeurant à....., veuve de M. Auguste-Léon Bernard,

Laquelle a, par ces présentes, fait donation entre vifs, à titre de partage anticipé, conformément aux articles 1075 et suivants du Code civil,

A : 1° M. Bernard (Pierre-Jérôme), cultivateur, demeurant à.....;

2° Mme Bernard (Virginie-Blanche), épouse assistée, et pour ces présentes autorisée de M. Augustin Trumel, vigneron, avec lequel elle demeure à.....,

Ses deux enfants et présomptifs héritiers, chacun pour un tiers, à ce présents et acceptant, Mme Trumel, avec l'autorisation de son mari;

---

(1) Genty, p. 179; Aubry et Rau, § 692-24 et 735-54; Demolombe, XXIII, 61; Laurent, XV, 127; Larombière, 1226-3; Bordeaux, 22 mai 1844, 22 février 1858; Besançon, 16 mars 1846; Caen, 21 janvier 1848, 2 mars 1866; Grenoble, 20 décembre 1858; Rouen, 21 février 1863; Cass., 1er mars 1831, 22 décembre 1845.

(2) Demolombe, XXIII, 62; Aubry et Rau, § 732-11. Contra : Genty, p. 173, 183.

(3) Nancy, 13 février 1867; Cass., 27 novembre 1867, 15 février 1870, 26 juin 1882; Defrénois, Rép. 995.

(4) Demolombe, XXIII, 62.

(5) Bordeaux, 9 juin 1863; Caen, 15 juin 1863; Nîmes, 10 janvier 1870; Cass., 9 décembre 1862, 15 juin 1863, 14 mars 1866, 7 juillet 1868, 22 juillet 1874, 22 juillet 1879. Contra : Demolombe, XXIII, 64; Caen, 31 janvier 1848.

(6) Demolombe, XXIII, 65; Paris, 28 janvier 1853; Cass., 9 décembre 1862.

(7) Cass., 2 août 1869.

(8) Demolombe, XXIII, 12; Troplong, 2308; Aubry et Rau, § 729-6; Laurent, XV, 17, 18; Réquier, 45; Bonnet, 330.

63. Formalités accessoires. — Si le partage anticipé comprend des rentes sur l'Etat, des actions ou obligations de sociétés de finance ou d'industrie, des créances, etc., il est du devoir du notaire de faire faire les immatricules aux noms des nouveaux possesseurs et de faire opérer la subrogation au bureau des hypothèques. Pour cela il délivre les certificats de propriété et extraits nécessaires.

64. Frais. — Il faut énoncer dans quelles proportions les donataires contribueront aux frais de l'acte de donation-partage. Si une soulte est stipulée, les frais y afférents sont habituellement supportés par l'enfant débiteur, à moins que le contraire ne soit stipulé.

§ 9. *Modalités diverses du partage d'ascendant.*

65. Tirage au sort. — L'ascendant a la faculté de distribuer les biens donnés entre ses enfants, soit au moyen d'une attribution à chacun d'eux, *supra* n° 45, soit par la formation de lots qui sont ensuite tirés au sort par lui ou entre les enfants et descendants [Form. 2]. Il est même loisible à l'ascendant de déclarer que les lots seront tirés au sort après son décès, alors surtout qu'il s'en réserve l'usufruit (1).

66. Droit d'habitation. — L'ascendant, au lieu de se réserver l'usufruit du

---

3° Les mineurs BERNARD (Théodule), né à....., le....., et BERNARD (Angèle), née à....., le....., issus du mariage d'entre M. Germain BERNARD, décédé à....., le....., et Mme Véronique LEBLED, sa veuve, rentière, demeurant à.....,

Ses petits-enfants et présomptifs héritiers, conjointement pour le dernier tiers, par représentation de M. Germain BERNARD, leur père décédé, fils de la donatrice; ce qui est accepté pour eux par Mme veuve BERNARD, née LEBLED, leur mère, à ce présente;

De ses biens immeubles, dont la désignation suit :

1° Une maison;
2° Un verger;
3° Une pièce de terre;
4° Une autre pièce de terre;
5° Une vigne;
6° Un enclos;
7° Une prairie;
8° Une vigne;

ORIGINE DE PROPRIÉTÉ.

. . . .

LOTISSEMENT.

Premier lot.

Il est composé de :
1°.....; 2°....., etc.

Deuxième lot.

Il est composé de :
1°.....; 2°....., etc.

Troisième lot.

Il est composé de :
1° .....; 2° ....., etc.

TIRAGE AU SORT.

Les lots ainsi composés ont été tirés ou sort. Il est résulté de ce tirage qu'ils sont échus :
Le premier, à Mme TRUMEL;
Le second, aux mineurs BERNARD indivisément;
Et le troisième, à M. BERNARD (Pierre-Jérôme).
Mme veuve BERNARD consent au profit des bénéficiaires des lots tous abandonnements et dessaisissements de propriété, ce qui est accepté par chacun d'eux, Mme veuve BERNARD, née LEBLED, pour les mineurs BERNARD.

---

(1) Demolombe, XXIII, 58.

tout, peut, ce qui arrive assez communément, se réserver simplement un droit d'habitation dont l'acte mentionne l'étendue, indépendamment d'une pension viagère nécessaire pour sa subsistance.

67. Préciput. — Le partage anticipé n'est pas borné à la répartition des biens entre les enfants suivant leurs droits. Il peut comprendre une disposition par préciput en faveur de l'un ou de plusieurs des enfants, de tout ou partie de la quotité disponible [Form. 3], et la validité de cette disposition n'est pas subordonnée à celle du partage, de même que le partage n'est pas subordonné à la validité de la disposition par préciput (1); à moins que les juges, souverains appréciateurs des faits, ne décident que le partage est lié

CONDITIONS DU PARTAGE ANTICIPÉ.

1º *Réserve d'habitation; rente viagère.*

Mᵐᵉ veuve BERNARD fait la réserve à son profit personnel et pendant sa vie d'un droit d'habitation dans la maison située à....., comprise dans le lot échu à Mᵐᵉ TRUMEL, comprenant : la chambre à feu à droite de la cuisine, ouvrant sur la cour, une chambre froide y attenant, un bâtiment dans la cour y faisant suite, la communauté de la cour et du puits, et le carré de jardin tenant à la propriété de M.....

En outre, Mᵐᵉ veuve BERNARD, donatrice, impose aux donataires, qui s'y obligent, M. et Mᵐᵉ TRUMEL, solidairement entre eux, et Mᵐᵉ veuve BERNARD, née LEBLED, pour ses enfants mineurs, la condition de lui servir une rente annuelle et viagère de huit cents francs, qui sera supportée : par M. et Mᵐᵉ TRUMEL, en raison de la réserve d'habitation, pour deux cents francs; par M. BERNARD (Pierre-Jérôme), pour trois cents francs; et par les mineurs BERNARD, pour trois cents francs.

Cette rente prend cours à partir du premier avril présent mois et sera payable à la donatrice, en sa demeure, chaque année, en quatre termes égaux, le premier de chacun des mois de janvier, avril, juillet et octobre, pour faire le payement du premier trimestre, le premier juillet prochain, celui du second, le premier octobre suivant et ainsi de suite jusqu'au jour de son décès.

La donatrice ne sera pas tenue de justifier d'un certificat d'existence pour toucher les arrérages de cette rente.

A défaut par les donataires d'acquitter exactement les arrérages de cette rente, la donatrice pourra, comme de droit, faire prononcer la révocation de la présente donation contre celui ou ceux qui s'en rendraient passibles.

Si la révocation venait à être prononcée contre l'un des donataires, la donation aux autres continuerait de produire son effet à titre de libéralité, sauf à celui contre lequel la révocation serait prononcée à être rempli de sa part héréditaire sur les biens existant au décès et, s'il y avait eu déficit, par un recours en argent contre les autres donataires.

2º *Jouissance.*

Les donataires auront la pleine propriété et la jouissance des biens entrés dans leurs lots, à partir d'aujourd'hui; sauf en ce qui concerne Mᵐᵉ TRUMEL, l'obligation de laisser jouir Mᵐᵉ BERNARD, donatrice, du droit d'habitation dont elle a fait la réserve.

3º *Impôts.*

Pour le surplus des conditions, voir la formule 1.

FORMULE 3. — **Partage anticipé avec préciput** (Nᵒˢ 67 et 68).

PAR DEVANT Mᵉ....

    A COMPARU :

M. MATHÉ (Louis-Auguste), ancien charron, demeurant à....., veuf de Mᵐᵉ Cécile LEBAIN,

Lequel a, par ces présentes, fait donation entre vifs, à titre de partage anticipé, conformément aux dispositions des articles 1075 et suivants du Code civil,

A : 1º M. MATHÉ (Arthur-Ernest), menuisier, demeurant à.....;

---

(1) Toullier, V, 812; Duranton, IX, 650; Genty, p. 183; Réquier, 204; Demolombe, XXIII, 42; Laurent, XV, 28 à 30; Cass., 6 juin 1834; Besançon, 16 janvier 1840; Bordeaux, 20 août 1853; Douai, 10 novembre 1853; Agen, 16 février 1857, 1ᵉʳ juin 1858.

à la disposition par préciput, auquel cas la nullité du partage entraînerait celle de la disposition (1).

68. Mode de l'attribuer. — Cette disposition par préciput peut être faite par l'ascendant, par un acte séparé avant ou en même temps ou après le partage anticipé; mais alors elle constitue une libéralité ordinaire soumise aux règles des donations (2).

69. Enfants et petits-enfants. — Si un ascendant ayant des enfants et des descendants de ceux-ci, fait par acte entre vifs ou testamentaire le partage anticipé de ses biens entre ses enfants et les descendants de ceux-ci, ses petits-enfants [Form. 4], la libéralité n'a le caractère de partage d'ascendant qu'à l'égard des enfants et, en ce qui concerne les

---

2º Mˡˡᵉ Mathé (Hortense-Louise), majeure, célibataire, couturière, demeurant à....,
Ses deux enfants et seuls présomptifs héritiers, chacun pour moitié, à ce présents et acceptant expressément,
De ses biens immeubles, dont la désignation suit :
1º Une maison située à.....;
2º Une pièce de terre.....;
3º Une autre.....;
4º Etc.

ORIGINE DE PROPRIÉTÉ.

Les imeubles donnés appartiennent à M. Mathé, donateur, savoir : *(Etablir l'origne de propriété.)*

DIVISION DES BIENS.

M. Mathé père, avec l'assentiment de ses enfants, attribue les biens donnés, à titre de partage anticipé,

I. *A M.* Mathé *fils.*

1ᵉⁿᵗ Par préciput et hors part, en conséquence par imputation sur la quotité disponible dans sa succession,
La maison formant l'article premier de la masse des biens donnés;
2ᵉⁿᵗ Et comme copartagé, pour sa moitié dans le surplus des biens,
1º Une pièce terre.....; 2º.....; etc.;

II. *A* Mˡˡᵉ Mathé.

Pour la remplir de sa moitié dans les biens donnés, autre que la maison ayant fait l'objet de l'avantage par préciput fait à M. Mathé fils,
1º Une pièce de terre.....; 2º.....; etc.

CONDITIONS DU PARTAGE ANTICIPÉ.

(Pour le surplus, voir les formules 1 et 2.)

Enregistrement. — Droit proportionnel à 1.50 p. 100 y compris transcription (Loi 21 juin 1876, art. 1). La disposition par préciput bénéficie du droit réduit.

FORMULE 4. — **Partage anticipé entre enfants et petits-enfants** (Nº 69).

Par devant Mᵉ.....,
    A comparu :
M. Quemin (Charles-Elie), propriétaire, demeurant à.....,
Lequel a, par ces présentes, fait donation entre vifs, à titre de partage anticipé, conformément aux dispositions des articles 1075 et suivants du Code civil, en ce qui concerne ses enfants; et par imputation sur la quotité disponible à l'égard de ses petits-enfants,
    A : 1º M. Quemin (Jules-Emile), maître maçon, demeurant à.....;
2º Mᵐᵉ Quemin (Louise-Denise), veuve de M. Charles-Antoine Dumar, mercière, demeurant à.....,
    Ses deux enfants et présomptifs héritiers chacun pour moitié, à ce présents et acceptant expressément;

---

petits-enfants, elle constitue une simple donation ou un simple legs, même lorsque les enfants en consentiraient l'exécution (1). Il est nécessaire, dans une telle opération, de préciser sur quelles quotités la libéralité est faite aux petits-enfants.

70. Enfant non présent. — Il peut arriver que lors du partage anticipé, l'un des enfants soit non présent et que cependant il y ait nécessité de le faire hors sa présence [Form. 6]; en ce cas, la validité du partage est subordonnée à la condition que l'enfant l'acceptera avant le décès de l'ascendant donateur, *supra* n° 29.

71. Acceptation ultérieure. — Le partage anticipé devient régulier et produit

---

3° Mme Quemin (Charlotte-Héloïse), épouse assistée, et pour ces présentes autorisée de M. Maxime Amelin, cultivateur, avec lequel elle demeure à.....;

4° Mlle Quemin (Rose-Fanny), célibataire majeure, repasseuse, demeurant à.....,

 Seuls enfants de M. Quemin (Jules-Emile) et petits-enfants de M. Quemin (Charles-Elie), à ce présents et acceptant;

5° Et M. Dumar (Albert-Gustave), majeur, étudiant en pharmacie, demeurant à.....,

 Seul enfant de Mme veuve Dumar et petit-fils de M. Quemin, donateur, à ce présent et acceptant;

De ses biens immeubles ci-après, savoir :

I. A titre de partage anticipé, à M. Quemin (Jules-Emile), qui accepte :

1°....; 2°.....; 3°.....

II. Aussi à titre de partage anticipé, à Mme veuve Dumar, qui accepte :

1°.....; 2°.....; 3°.....

III. Sur la quotité disponible de M. Quemin (Jules-Emiles), dans la succession du donateur, à Mme Amelin, qui accepte, avec l'autorisation de son mari :

1°.....; 2°.....; etc.

IV. Sur la même quotité disponible, à Mlle Quemin, qui accepte :

1°.....; 2°.....; etc.

V. Sur la quotité disponible de Mme veuve Dumar, dans la succession du donateur, à M. Dumar (Albert-Gustave), qui accepte :

1°.....; 2°.....; 3°.....

ORIGINE DE PROPRIÉTÉ. — JOUISSANCE.

(Voir pour le surplus les formules qui précèdent.)

EVALUATION POUR L'ENREGISTREMENT.

Pour la perception du droit d'enregistrement et sans tirer à autre conséquence, les immeubles donnés sont évalués à un revenu annuel, impôts compris :

Ceux donnés à M. Quemin et Mme Dumar, de.....,

Et ceux donnés à Mme Amelin, Mlle Quemin et M. Dumar fils, de.....

Enregistrement. — Droit proportionnel, y compris transcription : 1.50 p. 100 sur les immeubles donnés aux enfants et 4 p. 100 sur ceux donnés aux petits-enfants.

FORMULE 5. — Partage anticipé quand l'un des enfants est non présent (N° 70).

Par devant M^e.....,

 A comparu :

M. Amard (Antoine), propriétaire, demeurant à.....,

Lequel a, par ces présentes, fait donation entre vifs, à titre de partage anticipé, conformément aux articles 1075 et suivants du Code civil,

A : 1° M. Amard (François-Honoré), cultivateur, demeurant à.....;

2° Mme Amard (Léonie-Berthe), épouse assistée, et pour ces présentes autorisée de M. Octave Bunel, rentier, demeurant à.....;

3° Et M. Amard (Jacques), commissionnaire en marchandises, domicilié à....., mais résidant à Bilbao (Espagne),

Ses enfants et présomptifs héritiers chacun pour un tiers.

---

(1) Duranton, IX, 617; Marcadé, art. 1075; Demolombe, XXII, 707; Laurent, XV, 8; Réquier, 129; Douai, 10 novembre 1853.

tous ses effets si l'enfant non présent vient à l'accepter ultérieurement et que son acceptation soit tenue pour signifiée par l'ascendant donateur ou qu'elle lui soit signifiée par huissier (C. civ., 952) [Form. 6].

72. Biens donnés par indivis. — Le partage d'ascendant produit ses effets à titre de démission de biens, de dévolution anticipée de l'hérédité, par le seul fait de la donation à ce titre par l'ascendant à ses enfants, de ses biens dans la proportion de leurs droits héréditaires ou préciputaires; un tel acte constitue un partage anticipé sans qu'il soit nécessaire que l'ascendant en fasse lui-même la distribution entre ses enfants, ni que les

---

Ce qui est accepté expressément par M. Amard (François-Honoré) et par Mme Bunel de son mari autorisée,

Et ce qui sera accepté ultérieurement par M. Amard (Jacques) aujourd'hui non présent,

De ses biens immeubles, dont la désignation suit :

1o.....; 2o.....; etc.

(Pour le surplus, voir formules 1 et 2.)

Enregistrement. — Le défaut d'acceptation par l'un des enfants ne fait pas obstacle à la perception du droit entier.

FORMULE 6. Acceptation par acte postérieur. — Dispense de notification (Cas de la formule précédente) (No 71).

Par devant Me.....,

A comparu :

M. Amard (Jacques), commissionnaire en marchandises à Bilbao (Espagne), domicilié à.....,

Lequel ayant pris communication, par la lecture que lui en a donnée Me....., notaire soussigné, d'un acte passé devant ledit Me....., qui en a gardé minute, en présence de témoins, le...,..., aux termes duquel M. Amard (Antoine), propriétaire, demeurant à....., a fait donation entre vifs, à titre de partage anticipé, à ses trois enfants et seuls présomptifs héritiers, qui sont : 1o M. Amard (François-Honoré), cultivateur, demeurant à.....; 2o Mme Amard (Louise-Berthe), épouse de M. Octave Bunel, rentier, demeurant à.....; 3o Et M. Amard (Jacques) comparant, ce qui n'a été accepté que par M. Amard (François-Honoré) et Mme Bunel, et devait être accepté ultérieurement par M. Amard (Jacques) comparant; de ses biens immeubles désignés audit acte. Et pour remplir M. Amard (Jacques) comparant, de ses droits dans les biens donnés, M. Amard, donateur, lui a attribué, à titre de partage anticipé : 1o.....; 2o.....; 3o.....; etc. (*Désigner sommairement.*) Ce partage anticipé a eu lieu sous réserve par M. Amard père de l'usufruit pendant sa vie de tous les biens y compris.

A, par ces présentes, le comparant déclaré accepter expressément la donation à titre de partage anticipé dont l'énonciation précède et spécialement l'attribution à lui faite des immeubles ci-dessus indiqués pour le remplir de ses droits, sous les conditions qu'il renferme à l'exécution desquelles il s'oblige notamment à celle de souffrir l'usufruit réservé par le donateur.

A ces présentes est intervenu M. Amard (Jacques), propriétaire, demeurant à.....,

Lequel après que Me....., notaire soussigné, lui a donné lecture de l'acceptation de donation qui précède, a déclaré l'avoir pour agréable, se la tenir pour bien et dûment notifiée; en conséquence, dispenser M. Amard (Jacques) de lui en faire la signification par huissier.

Une expédition du présent acte sera transcrite au bureau des hypothèques de.....

Mention des présentes est consentie pour avoir lieu sur toutes pièces où besoin sera.

Dont acte. Fait et passé, etc. (*Présence réelle du second notaire ou des témoins.*)

Enregistrement. — Deux droits fixes de 3 fr. : l'un d'acceptation, l'autre de notification (Loi 22 frim. an VII, art. 68, § 1, nos 2 et 51).

FORMULE 7. — Partage anticipé, division des biens, sans la participation du donateur. — Acte même ou acte ultérieur (Nos 72 et 73).

Par devant Me.....,

A comparu :

M. Denis (Louis-Charles), ancien charpentier, demeurant à.....,

Lequel a, par ces présentes, fait donation entre vifs, à titre de partage anticipé, en conformité des articles 1075 et suivants du Code civil,

A : 1o M. Denis (Constant-Eugène), charpentier, demeurant à.....;

enfants procèdent à leur partage immédiat par l'acte même ou par un acte du même jour. Il peut donc y avoir indivision entre les enfants relativement aux biens donnés (1) [Form. 7].

73. Non condition de partage. — Lorsqu'une démission de biens est faite dans cette forme, il est utile qu'elle ait lieu sans condition de partage; au contraire, avec stipulation que le partage ou la licitation seront faits sans le concours ni la participation du donateur, car alors l'opération constitue un partage ordinaire entre communistes, d'où les conséquences suivantes : la prescription de dix ans contre l'action en rescision court du jour du partage; les biens sont estimés suivant leur valeur à la même époque (2). Il importe peu que le partage soit contenu dans l'acte de donation, s'il résulte de ses termes qu'il a été l'œuvre des donataires seuls (3).

74. Partage ultérieur. — Quand le partage est fait entre les enfants par l'acte même ou par acte ultérieur, il y a deux opérations distinctes : l'une par laquelle l'ascendant

2o M. Denis (Charles-Vital), cultivateur, demeurant à.....;

3o Et Mlle Denis (Hortense-Louise), majeure, célibataire, sans profession, demeurant à.....,

    Ses trois enfants et seuls présomptifs héritiers, chacun pour un tiers, à ce présents et acceptant expressément,

De ses biens immeubles, dont la désignation suit :

Art. 1. Une maison.....

Art. 2. Une pièce de terre.....

Art. 3. Une autre de même nature......, etc.....

ORIGINE DE PROPRIÉTÉ.

. . . .

DIVISION SANS LA PARTICIPATION DU DONATEUR.

Les donataires ont de suite fait entre eux, à titre de partage entre copropriétaires et sans aucune participation du donateur, la division des biens donnés.

Premier lot. — M. Denis *(Constant-Eugène).*

Pour remplir M. Denis (Constant-Eugène) de ses droits dans les biens dont M. Denis (Louis-Charles) vient de faire donation à ses enfants, à titre de partage anticipé, M. Denis (Charles-Vital) et Mlle Denis lui cèdent et abandonnent en partage :

    1o.....; 2o.....; 3o.....; etc.....

Second lot. — M. Denis *(Charles-Vital).*

Pour remplir M. Denis (Charles-Vital) de ses droits dans les mêmes biens, M. Denis (Constant-Eugène) et Mlle Denis lui cèdent et abandonnent en partage :

    1o.....; etc.....

Mlle Denis.

Pour remplir Mlle Denis, etc..... *(comme dessus).*

ACCEPTATION.

Chacun des copartageants accepte le lot à lui attribué et tous abandonnements nécessaires sont consentis.

CHARGES ET CONDITIONS.

Le partage anticipé et la division des biens qui précède ont lieu aux charges et conditions suivantes, que les copartageants, chacun en ce qui le concerne, s'obligent à exécuter :

    1o (*Voir supra formules* 1 *et* 2).

Si la division des biens doit avoir lieu par acte séparé :

---

(1) Démolombe, XXIII, 54; Aubry et Rau, § 728-7; Réquier, 111 et 139; Cass., 28 avril 1829, 29 mars 1831, 20 mars 1833, 26 avril 1836, 11 avril 1838, 15 avril 1850; Paris, 23 juin 1849; Rouen, 21 mars 1878. Voir cep. Genty, p. 107; Bonnet, 360; Laurent, XV, 9.

(2) Laurent, XV, 113; Riom, 4 août 1866; Bordeaux, 8 mars 1870; Besançon, 11 février 1882; Paris, 20 février 1884; Lyon, 23 mai 1868, 25 juillet 1885, 4 août 1887; Cass., 16 janvier 1867, 24 juin 1872, 23 mars 1887; Rép. Defrénois, 834, 2229, 2842, 3556, 4590.

(3) Poitiers, 4 février 1878. Voir aussi Limoges, 2 juillet 1877.

se démet de ses biens; l'autre constituant un partage entre copropriétaires indivis, pour lequel ceux-ci doivent avoir la capacité voulue pour faire un partage amiable (1) [Form. 8].

75. Biens de même nature. — Ce partage étant l'œuvre des enfants et non de l'ascendant, ils peuvent s'écarter des règles des art. 826 et 832 C. civ., de la même manière que s'ils procédaient au partage après le décès de l'ascendant; mais à la condition que la combinaison soit exempte de fraude (2).

76. Rapports. — Les enfants, en procédant au partage dans cette forme, sont fondés à contraindre ceux qui ont reçu des dons, à en faire le rapport à la masse pour être compris dans le partage, si d'ailleurs la donation est de tous les biens à la charge de l'acquit des dettes, puisqu'alors elle constitue une transmission anticipée de l'hérédité; — mais non si la donation est d'une partie des biens seulement (3).

77. Cession de lots. — Quand par le partage anticipé il a été formé des lots attribués par l'ascendant donateur et que par un acte du même jour, ou d'une date

DIVISION ULTÉRIEURE.

Les donataires feront entre eux ultérieurement par acte séparé, sans le concours ni la participation du donateur, la division ou la cession par licitation des biens donnés, à titre de partage entre copropriétaires.

CHARGES ET CONDITIONS.

Le partage anticipé qui précède a lieu aux charges et conditions suivantes, que les donataires, chacun en ce qui le concerne, s'obligent à exécuter :
1°.....; etc.....

ENREGISTREMENT. — Droit proportionnel à 1.50 p. 100 y compris transcription. Le partage entre les enfants est une dépendance de la donation et ne rend exigible aucun droit particulier.

FORMULE 8. — Partage entre les donataires par acte séparé (Nos 74 à 76).

PAR DEVANT Me......,
 ONT COMPARU :
1° M. DENIS (Constant-Eugéne), charpentier, demeurant à.....;
2° M. DENIS (Charles-Vital), cultivateur, demeurant à.....;
3° Et Mlle DENIS (Hortense-Louise), majeure, célibataire, demeurant à.....;
Lesquels ont, par ces présentes, procédé au partage entre eux des biens immeubles dont M. DENIS (Louis-Charles), leur père, propriétaire, demeurant à....., leur a fait donation à titre de partage anticipé, en leur qualité de seuls enfants et présomptifs héritiers, aux termes d'un acte reçu par Me....., notaire soussigné, en présence de témoins, le....., et ce, sans la participation ni le concours de M. DENIS, donateur, le présent partage ayant lieu entre copropriétaires indivis.

MASSE DES BIENS A PARTAGER.

ART. 1. Une maison située.....
ART. 2. Un verger, enclos de murs, situé.....
ART. 3. Une pièce de terre en labour, située....., etc.....
(*Forme ordinaire des partages.*)

ENREGISTREMENT. — Droit gradué de : 5 fr. jusqu'à 5,000 fr. 10 fr. de 5 à 10,000, 20 fr. de 10 à 20,000, et ainsi de suite (Loi 28 fév. 1872, art. 1er, n° 5).

FORMULE 9. — Cession à l'un des donataires, par acte ultérieur, des biens donnés par indivis (Nos 77 et 78).

PAR DEVANT Me.....,
 ONT COMPARU :
1° M. DENIS (Constant-Eugène), etc.....
(*Mêmes comparutions qu'en la formule précédente.*)

---

(1) Demolombe, XXIII, 54.
(2) Demolombe, XXIII, 202; Agen, 17 novembre 1856; Cass., 4 janvier 1849; Colmar, 21 février 1853, 10 mai 1865; Bordeaux, 8 mars 1870; Lyon, 23 mai 1868.
(3) Demolombe, XXIII, 77 bis; Nancy, 27 juillet 1865.

ultérieure, les enfants cèdent leur lot à l'un d'eux, cette cession est inattaquable si elle a eu lieu en dehors de l'ascendant donateur et sans son concours ni participation, à la condition aussi que ce ne soit pas comme exécution d'une convention secrète par lui imposée (1).

78. Cession de parts. — Il en est de même pour la cession que font l'un ou plusieurs des donataires à l'un ou plusieurs de leurs codonataires, de leurs parts indivises,

---

Lesquels, pour arriver à l'attribution par licitation faisant l'objet des présentes, ont exposé ce qui suit :

Aux termes d'un acte reçu par M^e....., notaire soussigné, en présence de témoins, le....., M. Denis (Louis-Charles), propriétaire, demeurant à....., a fait donation, à titre de partage anticipé, aux comparants, ses trois enfants et seuls présomptifs héritiers, de ses biens immeubles, avec réserve de l'usufruit pendant sa vie, — *ou :* à la charge du service d'une rente viagère de....., à partir du....., payable chaque année en quatres termes égaux, les.....

Il a été dit que les donataires feraient entre eux, ultérieurement, par acte séparé, sans le concours ni la participation du donateur, la division ou la cession à titre de licitation des biens donnés à titre de partage entre copropriétaires.

Les comparants déclarent qu'il est à leur convenance d'attribuer, à titre de licitation, la totalité des immeubles donnés à M. Denis (Charles-Vital), l'un d'eux.

Il y est procédé de la manière suivante :

CESSION A TITRE DE LICITATION.

M. Denis (Constant-Eugène) et Mlle Denis cèdent, attribuent et abandonnent, à titre de licitation entre copropriétaires indivis, en s'obligeant à la garantie de droit,

A M. Denis (Charles-Vital), qui accepte,

La totalité des immeubles ayant fait l'objet du partage anticipé sus énoncé, et dont la désignation suit :

1° Une maison, située.....;

2° Une pièce de terre, située.....;

3° Un verger, enclos de haies, situé....., etc.

Ces immeubles sont cédés et abandonnés à M. Denis (Charles-Vital), dans l'état où ils se trouvent avec toutes leurs dépendances, sans aucune exception ni réserve, comme aussi sans garantie, tant du bon état des bâtiments que de la contenance exprimée, dont la différence en plus ou en moins, lors même qu'elle excéderait un vingtième, sera au profit ou à la perte du cessionnaire, sans recours de part ni d'autre.

JOUISSANCE.

M. Denis (Charles-Vital) est propriétaire des immeubles ci-dessus désignés, à partir, par rétroaction, de la donation à titre de partage anticipé faite par M. Denis (Louis-Charles), en conformité de l'article 883 du Code civil, et il en aura la jouissance à partir de ce jour, — *ou :* à partir du décès de M. Denis père, qui s'en est réservé l'usufruit pendant sa vie.

CHARGES ET CONDITIONS.

La présente cession par licitation est faite aux charges et conditions suivantes, que M. Denis (Charles-Vital), s'oblige à exécuter :

1° Il acquittera les contributions et autres charges de toute nature, auxquelles les immeubles cédés peuvent et pourront être assujettis, à partir du jour de son entrée en jouissance;

2° Il profitera des servitudes actives et supportera les servitudes passives apparentes ou non apparentes, continues ou discontinues, qui pourraient exister, en vertu de la loi ou de titres réguliers et non prescrits, au profit ou à la charge des immeubles cédés, à ses risques et périls et sans recours contre les cédants;

3° Il payera les frais et honoraires des présentes, y compris une grosse pour chacun des cédants et le coût en déboursés et honoraires de l'inscription de privilège de copartageant à prendre et renouveler, s'il y a lieu.

PRIX.

En outre, la présente cession à titre de licitation a lieu, pour les parts de M. Denis (Constant-

---

(1) Cass., 29 janvier 1877.

à titre de licitation, par l'acte même de donation ou par un acte ultérieur, sous la même condition de la non participation de l'ascendant donateur (1) [FORM. 9]. Pour le privilège de copartageant auquel les cédants ont droit dans ce cas, voir *supra* n° 56.

79. Biens divis et indivis. — Rien ne fait obstacle à ce que le copartageant attribue des lots indivis à quelques-uns de ses enfants et des biens indivis aux autres (2) [FORM. 10].

Eugène) et Mlle DENIS, moyennant une somme de....., que M. DENIS (Charles-Vital) s'oblige à leur payer, chacun pour moitié, soit une somme de....., dans le délai de....., avec intérêts à cinq pour cent par an, à partir d'aujourd'hui, payable chaque année, en deux termes égaux, les....., pour faire le payement du premier semestre le....., — *ou si l'usufruit a été réservé par le donateur :* à partir du décès de M. DENIS (Louis-Charles), donateur, époque de l'extinction de son usufruit, payable chaque année, etc.....

En cas de stipulation d'une rente viagère, si l'intérêt est servi au rentier viager : Il est convenu que l'intérêt qui vient d'être fixé sera versé directement à M. DENIS (Louis-Charles), en payement d'autant des parts à la charge de M. DENIS (Constant-Eugène) et Mlle DENIS, dans la rente viagère de....., dont M. DENIS (Louis-Charles), donateur, a imposé le service à ses enfants par le partage anticipé sus énoncé : à cet effet, toute délégation et indication de payement sont consenties à son profit.

Ces payements en principal et intérêts auront lieu à....., en l'étude de Me....., notaire soussigné, et ne pourront être valablement effectués qu'en espèces d'or ou d'argent ayant cours.

RÉSERVE DE PRIVILÈGE.

A la sûreté et garantie du prix de la présente licitation, en principal, intérêts et autres accessoires, les immeubles ci-dessus désignés seront, comme de droit, grevés du privilège de copartageant au profit de M. DENIS (Constant-Eugène) et Mlle DENIS.

Ce privilège serait inscrit au bureau des hypothèques de....., dans le délai de quarante-cinq jours.

TITRES.

M. DENIS (Charles-Vital) se reconnaît en possession des titres de propriété des immeubles à lui abandonnés consistant : 1°..... (*Les indiquer sommairement.*)

DONT ACTE. Fait et passé à.....,

L'an mil huit cent quatre-vingt-onze....., le.....

Après lecture tant des présentes, que des articles 12 et 13 de la loi du 23 août 1871, concernant les dissimulations, les parties ont signé avec les témoins et le notaire.

ENREGISTREMENT. — Droit proportionnel 4 p. 100 sur le prix (Loi 22 frim. an VII, art. 19, § 7, n° 4).

FORMULE 10. — **Partage anticipé avec attribution de biens divis aux uns et de biens indivis aux autres — Convention d'indivision** (N{os} 79 et 80).

PAR DEVANT Me.....,

    A COMPARU :

M. VINEC (Jules-Antoine), propriétaire, demeurant à.....,

Lequel a, par ces présentes, fait donation entre vifs, à titre de partage anticipé, conformément aux dispositions des articles 1075 et suivants du Code civil,

A : 1° M. VINEC (Auguste-Désiré), épicier, demeurant à.....;

2° Mme VINEC (Célestine), épouse de M. Eloi MARTIN, charron, avec lequel elle demeure à.....;

3° M. VINEC (Jean-Louis), cultivateur, demeurant à.....;

4° Et Mlle VINEC (Julie-Anne), célibataire, majeure, repasseuse, demeurant à.....;

Ses quatre enfants et seuls présomptifs héritiers chacun pour un quart, à ce présents et acceptant expressément, Mme MARTIN, avec l'autorisation de son mari aussi présent,

De ses biens immeubles, dont la désignation suit :

1° Une maison, située à.....;

2° Une pièce de terre labourable, située.....;

3° Une autre de même nature, située.....; etc.. etc.

---

(1) Limoges, 2 juillet 1879 ; Cass., 2 juillet 1878, 16 novembre 1885 ; Defrénois, *Rép.* 3233.

(2) Demolombe, XXIII, 57.

80. Convention d'indivision. — L'ascendant, en donnant en totalité ou en partie ses biens par indivis, est fondé à imposer la condition qu'ils demeureront dans l'indivision pendant cinq ans (1).

81. Biens impartageables. — Pour que la règle de l'égale répartition des biens soit applicable dans la division des biens, *supra* n° 48, il faut qu'ils soient partageables. S'ils sont impartageables, l'art. 1075, en permettant aux ascendants de partager leurs biens entre leurs enfants, a dû leur procurer les moyens nécessaires pour l'exercice de ce droit, quelle que soit la nature des biens; si donc les biens ne sont pas partageables, il appartient à l'ascendant d'attribuer les immeubles à un seul, et aux autres des valeurs ou du numéraire par des soultes ou autrement (2) [Form. 11].

82. Appréciation. — C'est aux tribunaux qu'il appartient d'apprécier quand les

---

ORIGINE DE PROPRIÉTÉ.

. . . .

DIVISION ET INDIVISION.

M. Vinec *(Auguste-Désiré).*

Pour remplir M. Vinec (Auguste-Désiré) de ses droits dans les biens donnés, M. Vinec, donateur, lui attribue, à titre de partage anticipé, ce qu'il accepte :

1°.....; 2°.....; etc.

Mme Martin.

Pour remplir Mme Martin de ses droits dans lesdits biens, M. Vinec, donateur, lui attribue, au même titre de partage anticipé, ce qu'elle accepte avec l'autorisation de son mari :

1°.....; 2°.....; etc.

M. Vinec *(Jean-Louis)* et Mlle Vinec.

Pour remplir M. Vinec (Jean-Louis) et Mlle Vinec de leurs droits dans les mêmes biens, M. Vinec, donateur, leur attribue audit titre de partage anticipé, conjointement et indivisément entre eux, ce qu'ils acceptent :

1°.....; 2°.....; 3°.....; etc.

CONVENTION D'INDIVISION.

M. Vinec (Jean-Louis) et Mlle Vinec conviennent de suspendre le partage ou la licitation des immeubles dont l'attribution conjointe et indivise vient de leur être faite, pendant une durée de cinq années à compter d'aujourd'hui. En conséquence, ils s'interdisent durant ce temps d'en demander le partage ou la licitation.

CHARGES ET CONDITIONS.

(Pour le surplus, voir formules 1 et 2.)

Enregistrement. — Droit proportionnel de 1.50, plus droit fixe de 3 fr. pour convention d'indivision.

FORMULE 11. — Partage anticipé. — Biens impartageables. — Attribution à un seul enfant (Nos 81 et 82).

Par devant Me.....,

    A comparu :

M. *(Même donateur et mêmes donataires qu'en la formule précédente.)*

Des biens dont la désignation suit :

1° Une maison située à.....;

2° Un enclos attenant à cette maison, avec bâtiment destiné au commerce auquel la maison est destinée. Cet enclos, de la contenance de....., section....., n°..... du plan cadastral, tient d'un côté, etc.

---

(1) Demolombe, XXIII, 50; Paris, 23 juin 1849. Contra : Laurent, XV, 10.

(2) Merlin, *Part. d'asc.*, n° 12; Duranton, IX, 758; Aubry et Rau, § 732-2; Demolombe, XXIII, 204; Caen, 15 juin 1835; Agen, 10 novembre 1838, 28 février 1849, 11 juillet 1861, 1er juin 1864, 7 février et 22 mars 1865; Grenoble, 27 décembre 1851; Nîmes, 20 novembre 1854; Chambéry, 12 février 1873; Cass., 7 août 1861, 2 décembre 1862, 8 avril et 24 décembre 1873. Contra : Toullier, V, 806; Genty, p. 146; Bonnet, 296; Domante, IV, 213 bis-19; Agen, 18 avril 1849.

biens sont réellement impartageables : pour cela, on doit rechercher si les biens étaient susceptibles de division, ou si, même susceptibles de partage, il ne convenait pas d'éviter des morcellements qui en diminueraient la valeur et en rendraient l'exploitation plus difficile ou moins productive (1).

83. Enfants naturels. — On a vu, *supra* nº 22, que les enfants naturels sont compris parmi les descendants entre lesquels il est permis aux ascendants de faire le partage anticipé de leurs biens.

84. Donataire contractuel. — Même dans un partage anticipé entre vifs, l'ascendant peut faire figurer un institué contractuel de quotité, un enfant par exemple, à la condition que l'avantage résultant de l'institution contractuelle ne soit pas amoindrie. Si donc l'ascendant a fait une institution contractuelle d'un quart par préciput en faveur de l'un de ses

ORIGINE DE PROPRIÉTÉ.

Ces immeubles appartiennent à....., etc.

Attribution à M. VINEC (Auguste-Désiré).

Les parties déclarent et reconnaissent que les immeubles dont M. VINEC père vient de faire donation à titre de partage anticipé à ses enfants, sont impartageables, — *ou* : ne pourraient être partagés, en raison de ce qu'ils constituent une unique propriété dont la division serait une cause de dépréciation, — et qu'il est nécessaire, dans l'intérêt de tous, d'en faire l'attribution, en totalité, à un seul des enfants.

En conséquence, M. VINEC père, avec l'assentiment et le consentement de M. et Mme MARTIN, de M. VINEC (Jean-Louis) et de Mlle VINEC, attribue, à titre de partage anticipé, par une licitation convenue entre toutes les parties,

A M. VINEC (Auguste-Désiré), qui accepte,

La totalité des immeubles ci-dessus désignés.

A la charge de payer, à titre de prix de licitation, à chacun de Mme MARTIN, M. VINEC (Jean-Louis) et Mlle VINEC, une somme de quinze cents francs qui, en raison de la réserve d'usufruit qui va être stipulée par M. VINEC père, seront exigibles dans les deux ans de son décès, avec intérêts à cinq pour cent par an, qui commenceront à courir au même jour du décès de M. VINEC père et seront payables de six en six mois.

Ces payements en principal et intérêts auront lieu au domicile à cet effet élu à....., en l'étude de Me....., notaire soussigné, et ne pourront être valablement effectués qu'en espèces d'or ou d'argent ayant cours.

A la sûreté et garantie du payement de ces prix de licitation avec tous intérêts et accessoires, les immeubles attribués à M. VINEC (Auguste-Désiré) seront grevés du privilège de copartageant expressément réservé et qui sera inscrit dans le délai de quarante-cinq jours.

CHARGES ET CONDITIONS.

(Pour le surplus, voir formules 1 et 2.)

ENREGISTREMENT. — Droit proportionnel de 1.50 p. 100 sur les biens donnés. Plus droit de 4 p. 100 sur les prix de licitation (Loi 22 frim. an VII, § 7, nº 5 et 18 mai 1850, art. 5).

FORMULE 12. — **Partage anticipé entre enfants légitimes et enfant naturel. — Enfant donataire contractuel (Nos 83 à 86).**

PAR DEVANT Me.....,

A COMPARU :

M. BINTEAU (Léon-Luc), propriétaire, demeurant à.....,

Lequel a, par ces présentes, fait donation entre vifs, à titre de partage anticipé, en conformité des articles 1075 et suivants du Code civil,

A : 1º M. BINTEAU (Louis-Eugène), mercier, demeurant à.....;

2º Mme BINTEAU (Elise-Charlotte), épouse de M. Désiré MINARD, peintre, avec lequel elle demeure à.....;

____

(1) Demolombe, XXIII, 205 ; Cass., 2 décembre 1862.

enfants, il doit, s'il fait ensuite le partage anticipé de ses biens, apportionner cet enfant à la fois de sa part héréditaire et de sa part comme institué (1) [Form. 12]. Ainsi, en présence de trois enfants, il a droit à moitié : un quart comme successible et un quart comme institué, et chacun des autres enfants, un quart (2). La rescision pour lésion peut être demandée quand elle est du quart de sa part héréditaire, le quart comme institué devant être entier (3).

85. Personne étrangère. — Mais l'ascendant ne pourrait faire figurer dans le partage anticipé une personne n'ayant aucun droit dans l'hérédité (4).

86. Promesse d'égalité. — La circonstance que l'ascendant a fait une promesse d'égalité en faveur de l'un de ses enfants ne le prive pas du droit de faire le partage anticipé de ses biens entre ses enfants, à la condition qu'il n'y fasse aucune disposition au préjudice de cet enfant (5).

87. Dettes de l'ascendant. — Le partage anticipé entre vifs ayant le caractère

---

3o Mlle Binteau (Flore-Estelle), majeure, célibataire, sans profession, demeurant à.....;

Ses trois enfants légitimes et seuls présomptifs héritiers chacun pour un tiers, sauf les droits de l'enfant naturel ci-après et l'effet de l'institution contractuelle dont il va être parlé.

En outre, M. Binteau (Louis-Eugène), institué contractuellement par M. Binteau (Léon-Luc), par préciput et hors part, du quart en propriété des biens qui formeront sa succession, aux termes de son contrat de mariage avec Mme Héloïse Dubain, reçu par M^e....., notaire à....., le.....

4o Et M. Binteau (Jean-Victor), garçon épicier demeurant à.....,

Ce dernier, enfant naturel de M. Binteau (Léon-Luc), qui l'a reconnu aux termes d'un acte reçu par M^e....., notaire à....., en présence de témoins, le......

Les donataires ayant droit aux biens faisant l'objet de la présente donation, suivant leurs quotités héréditaires résultant des qualités qui précèdent, savoir :

1o M. Binteau (Louis-Eugène), comme institué contractuel pour	27/108
Et comme présomptif héritier pour	26/108
Ensemble.	53/108
2o Mme Minard pour	26/108
3o Mlle Binteau pour même quotité.	26/108
4o Et M. Binteau (Jean-Victor), enfant naturel, pour	3/108
Egal à l'unité	108/108

Tous à ce présents et acceptant expressément, Mme Minard avec l'autorisation de son mari, aussi présent.

De ses biens immeubles dont la désignation suit :

1o.....; 2o.....; 3o.....; etc.

ORIGINE DE PROPRIÉTÉ.

. . . .

ATTRIBUTIONS.

M. Binteau (Louis-Eugène).

Pour remplir M. Binteau (Louis-Eugène) de ses droits ci-dessus déterminés comme présomptif héritier et institué contractuel, M. Binteau, donateur, avec l'assentiment de ses autres enfants, lui attribue, à titre de partage anticipé, ce qu'il accepte :

1o.....; 2o.....; 3o.....

A la charge de payer, à titre de soulte, pour l'excédent de valeur de son lot, une somme de douze cents francs.

---

(1) Dijon, 8 mars 1878; Cass., 26 mars 1845, 7 avril 1873, 25 février 1878, 11 février 1879. Voir Reims, 3 juillet 1874.

(2) Duranton, IX, 655; Troplong, 2314 et 2381; Demolombe, XXIII, 78; Caen, 21 mars 1838; Cass., 26 mars 1845. Contra : Genty, p. 133; Aubry et Rau, § 731-13; Laurent, XV, 44; Cass., 26 avril 1847.

(3) Duranton, IX, 655; Troplong, 2314 et 2381; Dalloz, 4455; Laurent, XV, 43; Caen, 21 mars 1838; Cass., 7 avril 1873.

(4) Laurent, XV, 32; Cass., 22 mai 1838.

(5) Duranton, IX, 655; Troplong, 2381; Aubry et Rau, § 732-12; Demolombe, XXIII, 76, 78 bis; Laurent, XV, 40; Limoges, 29 février 1832; Besançon, 11 juin 1844; Dijon, 13 juillet 1870; Cass., 26 mars 1845, 13 juillet 1870.

de la donation, le dessaisissement qu'il emporte est opposable aux créanciers, d'où la conséquence que, s'il a été transcrit, les donataires, alors qu'ils n'en ont point été chargés, ne sont pas tenus de plein droit des dettes de l'ascendant donateur (1). Sauf aux créanciers à exercer, d'après les règles du droit commun, l'action paulienne résultant de l'art. 1167 C. civ., sans être tenus d'établir que les enfants sont complices de la fraude du donateur (2).

88. Date certaine. — A plus forte raison, les donataires n'en sont pas tenus, quand les dettes n'ont pas acquis date certaine antérieurement à la donation (3).

89. Charge des dettes. — Mais les donataires peuvent, par une clause formelle, être tenus de l'acquit des dettes de l'ascendant donateur, pourvu que ce soit des dettes présentes, car s'ils étaient chargés de l'acquit de dettes éventuelles qui pourraient grever la succession, cette charge, suivant l'art. 945 C. civ., emporterait la nullité de la donation (4). On peut aussi les charger du service d'une rente viagère, *supra* n° 53.

90. Acceptation autorisée. — Nous avons vu, *supra* n° 33, qu'un partage

Mᵐᵉ MINARD.

Pour remplir Mᵐᵉ MINARD de ses droits comme présomptive héritière, M. MINARD, donateur, lui attribue, à titre de partage anticipé, ce qu'elle accepte avec l'autorisation de son mari :

1°.....; 2°.....; 3°.....;

4° Et une somme de cinq cents francs à toucher de M. BINTEAU (Louis-Eugène), à titre de soulte.

Mˡˡᵉ BINTEAU.

Pour remplir, etc. (*Comme* Mᵐᵉ MINARD.)

M. BINTEAU (*Jean-Victor*).

Pour remplir M. BINTEAU (Jean-Victor) de ses droits présomptifs comme enfant naturel, M. BINTEAU, donateur, lui attribue, à titre de partage anticipé, ce qu'il accepte :

1°.....; 2°.....;

3° Et une somme de deux cents francs à toucher de M. BINTEAU (Louis-Eugène), à titre de soulte.

PAYEMENT DE LA SOULTE.

M. BINTEAU (Louis-Eugène) a de suite payé en espèces du cours, comptées et délivrées à la vue du notaire soussigné, aux ci-après nommés, qui le reconnaissent et lui en donnent quittance, savoir :

A M. et Mᵐᵉ MINARD, cinq cents francs, ci.	500 »
A Mˡˡᵉ BINTEAU, même somme, ci.	500 »
Et à M. BINTEAU (Jean-Victor), deux cents francs	200 »
Somme égale au montant de la soulte	1,200 »

CHARGES ET CONDITIONS.

(Pour le surplus, voir formules 1 et 2.)

ENREGISTREMENT. — Droit proportionnel de 1.50 p. 100 sur les biens donnés, et de 4 p. 100 sur la soulte (Mêmes lois et art.).

FORMULE 13. — Partage anticipé à titre onéreux. — Tuteur ad hoc pour un mineur
(Nᵒˢ 87 à 95).

PAR DEVANT Mᵉ.....,

A COMPARU :

M. GILLET (Edouard), propriétaire-cultivateur, demeurant à.....,

Lequel a, par ces présentes, fait donation entre vifs, à titre de partage anticipé, conformément aux dispositions des articles 1075 et suivants du Code civil,

(1) Toullier, V, 817; Massé et Vergé, § 510-4; Aubry et Rau, § 733-6; Demante, IV, 243 bis; Coin-Delisle, 945-7; Demolombe, XXIII, 128; Laurent, XV, 75; Genty, p. 231 à 240; Bonnet, 461; Cass., 10 février 1824, 12 août 1840; Douai, 12 février 1840; Bordeaux, 18 juin 1858; Toulouse, 29 janvier 1872; Grenoble, 12 mai 1882; Defrénois, *Rép.* 850. CONTRA : Troplong, 1214, 1215; Duranton, IX, 630; Réquier, 104; Agen, 14 juin 1837. Voir une dissertation de M. Allart, dans *Rép.* Defrénois, 4392.

(2) Demolombe, XXIII, 130; Aubry et Rau, § 733-15; Réquier, 85; Bonnet, 464; Caen, 15 janvier 1849.

(3) Bourges, 11 février 1829; Agen, 14 novembre 1842; Caen, 15 janvier 1849; Nîmes, 20 août 1856.

(4) Cass., 4 mars 1875, 8 mars 1878.

anticipé, même avec certaines charges, peut être accepté par un ascendant, au nom d'un mineur, mais s'il a lieu à titre onéreux, comme dans le cas de la formule 13 ci-contre, il doit être accepté avec l'autorisation du conseil de famille (1).

91. Caractère onéreux. — Il peut être décidé que l'opération, en raison des charges imposées, constitue une transmission à titre onéreux contre laquelle l'action en rescision n'est pas admise (2); et, à un autre point de vue, qu'un acte qualifié vente constitue un partage anticipé nul pour inobservation des formes (3).

92. Révocation. — Le partage anticipé produisant l'effet d'une donation, le donateur a, contre chacun de ses enfants copartagés, l'action en révocation pour cause d'inexécution des conditions ou d'ingratitude (4).

93. Droit de l'exercer. — La révocation de la donation pour cause d'inexécution des conditions ne peut être demandée que par les ascendants donateurs, et non par les enfants entre eux, puisqu'ils ne se sont rien transmis (5), ni par les tiers au profit desquels le partage d'ascendant contiendrait des stipulations (6). — L'action en révocation n'existe

---

A : 1° M. Gillet (Luc-Noël), cultivateur, demeurant à.....;

2° Mme Gillet (Ernestine-Aglaée), épouse de M. Hector Blin, menuisier, avec lequel elle demeure à.....;

3° Et M. Gillet (Arthur-Ernest), mineur, sous la tutelle de M. Gillet donateur, avec lequel il est domicilié ;

Ses trois enfants et seuls présomptifs héritiers, chacun pour un tiers;

Ce qui est accepté expressément par M. Gillet (Luc-Noël) et par Mme Blin, à ce présents, celle-ci avec l'autorisation de son mari, aussi présent,

Et pour le mineur Gillet (Arthur-Ernest), par M. Jean Hureau, propriétaire, demeurant à....., son oncle maternel, à ce présent, en qualité de tuteur *ad hoc* de ce mineur, à l'effet d'accepter la présente donation à titre de partage anticipé en obligeant le mineur à l'exécution des charges imposées, ainsi qu'il résulte d'une délibération de son conseil de famille, prise sous la présidence de M. le juge de paix du canton de....., le.....; dont une expédition est demeurée ci-annexée après que dessus mention de l'annexe a été apposée,

De ses biens immeubles dont la désignation suit :

1°.....; 2°.....; etc.

ORIGINE DE PROPRIÉTÉ.

Les immeubles donnés appartiennent à M. Gillet, donateur, etc. *(Établir l'origine de propriété.)*

ATTRIBUTIONS.

(Voir les formules précédentes.)

CHARGE DE DETTES.

La présente donation à titre de partage anticipé est faite à la charge par les donataires de payer les sommes ci-après au donateur ou en son acquit, ce à quoi les donataires seront tenus chacun pour un tiers, ainsi que s'y obligent M. Gillet (Luc-Noël) et M. et Mme Blin solidairement entre eux, et M. Hureau pour le mineur Gillet (Arthur-Ernest),

1° De payer au donateur, en sa demeure, dans le délai de six mois, de ce jour, une somme de douze cents francs, sans intérêt ;

2° D'acquitter en l'acquit du donateur dans le délai de six mois de ce jour, de manière qu'il ne soit ni inquiété ni recherché,

La somme de trois mille francs, dont il est débiteur envers M. Octave Lubin, rentier, demeurant à....., pour le montant de l'obligation à titre de prêt, qu'il a souscrite à son profit, suivant acte passé devant M^e....., notaire à....., le....., avec hypothèque sur les immeubles présentement donnés. Cette somme est actuellement exigible et produit des intérêts au taux de cinq pour cent par an, payables par semestres, les.....; plus les intérêts courant à partir de la dernière échéance semestrielle.

---

(1) Demolombe, XX, 185 ; Cass., 25 mars 1861 ; Amiens, 1er mars 1884 ; Defrénois, *Rép.* 2173.
(2) Laurent, XV, 32 ; Cass., 26 mars 1820.
(3) Laurent, XV, 32 ; Cass., 20 juin 1837.
(4) Genty, p. 228 ; Demolombe, XXIII, 125 ; Aubry et Rau, § 733-2 ; Réquier, 83 ; Bonnet, 446 ; Limoges, 22 juin 1836 ; Bordeaux, 5 juin 1850.
(5) Demolombe, XXIII, 137 ; Cass., 4 juin 1849.
(6) Coin-Delisle, 934-12 ; Demolombe, XX, 597 ; Larombière, 1121-9 et 11 ; Cass., 10 mars 1855.

pas non plus au profit de l'enfant créancier d'une soulte, à défaut de payement de cette soulte (1).

94. Révocation partielle; effets. — Si la révocation n'a été que partielle, c'est-à-dire à l'égard d'un seul enfant pour inexécution des conditions, on doit considérer que le partage se trouve ne plus exister entre tous les enfants; que, dès lors, il est nul (C. civ., 1078), et qu'il y a lieu à un nouveau partage. Les autres enfants n'ont donc pas le choix de demander un nouveau partage, ou l'exécution du partage fait par l'ascendant en laissant l'enfant reprendre les biens qui lui avaient été attribués (2).

95. Autres lots maintenus. — Mais il peut être stipulé, comme en matière de non acceptation, *supra* nº 36, que les attributions faites aux autres enfants seront maintenues à titre de donation irrévocable par préciput et hors part et, aussi, par imputation sur leurs droits héréditaires à charge de rapport en moins prenant. Cette stipulation est utile, son effet étant d'empêcher un nouveau partage [Form. 13].

96. Rapports. — En faisant le partage anticipé de ses biens, l'ascendant est fondé,

---

Et les diverses dettes chirographaires du donateur, s'élevant ensemble à deux mille trois cent vingt francs, détaillées en un état dressé par les parties à la date de ce jour, lequel devant être enregistré en même temps que ces présentes, est demeuré ci-joint après avoir été revêtu d'une mention d'annexe constatant, en outre, que les parties l'ont certifié véritable.

A défaut par les donataires d'acquitter les sommes dont ils viennent d'être chargés, le donateur pourra, comme de droit, en faire prononcer la révocation contre celui ou ceux qui ne les payeraient pas.

Si la révocation vient à être prononcée pour cette cause, contre un donataire, les attributions ci-dessus faites aux autres donataires continueront de produire leur effet, à titre de donation irrévocable d'abord par préciput et hors part sur la quotité disponible dans la succession du donateur et, pour le surplus, à charge de rapport en moins prenant, M. GILLET père, déclarant expressément faire donation, en ce sens, à chacun des donataires qui auront exécuté les charges, ce qu'ils acceptent expressément, M. HUREAU au nom du mineur GILLET (Arthur-Ernest).

CHARGES ET CONDITIONS DE PARTAGE.

(Pour le surplus, voir formules 1 et 2.)

ENREGISTREMENT. — Droit proportionnel à 1.50 p. 100. La charge de dettes ne donne ouverture à aucun droit particulier, à moins que les dettes soient équivalentes à près de la valeur des biens.

FORMULE 14. — Partage anticipé avec rapports par les enfants (Nᵒˢ 96 à 99).

PAR DEVANT Me:.....,

 ONT COMPARU :

M. DUPRÉ (Jean-Victor), propriétaire, demeurant à.....,   *D'une part;*

Et 1º M. DUPRÉ (Claude-Louis), chapelier, demeurant à.....;

2º Mme DUPRÉ (Hortense-Elisa), veuve de M. Georges DUMONT, rentière, demeurant à.....;

3º Mme DUPRÉ (Jeanne-Héloïse), épouse assistée et pour ces présentes autorisée de M. Eloi-Charles COURSET, cultivateur, avec lequel elle demeure à.....;

4º M. DUPRÉ (Julien-Auguste), marchand de vin, demeurant à.....;

 Ces quatre derniers, seuls enfants et présomptifs héritiers de M. DUPRÉ (Jean-Victor), chacun pour un quart,   *D'autre part;*

Lesquels, pour arriver au partage anticipé faisant l'objet des présentes, ont exposé ce qui suit :

EXPOSÉ.

I. Mme Laure-Denise MERLÉ, épouse de M. DUPRÉ (Jean-Victor) comparant, est décédée à....., le....., laissant pour héritiers, chacun pour un quart, ses quatre enfants alors mineurs : M. DUPRÉ (Claude-Louis); Mmes DUMONT et COURSET, et M. DUPRÉ (Julien-Auguste), sauf les droits de son mari

---

(1) Réquier, 87; Bonnet, 487; Aubry et Rau, § 733-10; Demolombe, XXIII, 114; Laurent, XV, 89; Grenoble, 8 janvier 1851; Besançon, 8 juin 1857; Cass., 7 août 1860.

(2) Demolombe, XXIII, 141; Réquier, 83. CONTRA : Genty, p. 281; Aubry et Rau, § 733-4; Douai, 25 juillet 1879; Pontoise, 16 juin 1883; Rép. Defrénois, 216, 1577.

avec l'assentiment des donataires, à y comprendre les biens dont l'un ou plusieurs des enfants devront faire le rapport à sa succession, par suite de dons en avancement d'hoirie, de prêts ou d'avances; mais non ce qu'il a donné avec dispense de rapport (1) [Form. 14]. Ces rapports sont effectués de la même manière que s'il s'agissait d'un partage après décès (2). Dès lors, la règle qui prescrit de faire entrer dans chaque lot la même quantité de meubles et d'immeubles de pareille nature n'est plus applicable. Ainsi lorsque, par suite de dons en argent ou de prêts faits antérieurement à quelques-uns des enfants, ils sont à peu près

survivant, ainsi que le constate l'intitulé de l'inventaire après son décès dressé par Me....., notaire à....., le.....

En vertu d'une commission de justice, Me....., notaire à....., a dressé à la date du....., l'état des opérations de compte, liquidation et partage de la communauté ayant existé entre M. et Mme Dupré (Jean-Victor) et de la succession de Mme Dupré. Cette liquidation a été homologuée aux termes d'un jugement rendu par le tribunal civil de....., le.....

II. M. Dupré (Jean-Victor), tuteur de ses quatre enfants, a rendu à chacun d'eux, après sa majorité, son compte de tutelle, dont il leur a payé le reliquat, ainsi que le constatent quatre actes reçus par Me....., notaire à....., les.....

III. Depuis les trois enfants aînés se sont mariés, M. Dupré (Julien-Auguste) n'est pas encore marié.

Il a été fait aux quatre enfants les avantages suivants, sujets à rapport :

1o Par le contrat de mariage de M. Dupré (Claude-Louis) avec Mme Thérèse Nicolo, passé devant Me....., notaire à....., le....., contenant adoption du régime de la communauté, M. Dupré (Jean-Victor) a fait donation au futur époux, son fils, de deux pièces de terre en nature de labour, situées commune de.....; la première, section B, no 48 du plan cadastral, contenant soixante-sept ares dix-sept centiares ; la seconde section E, no 42, contenant un hectare vingt ares, dont le futur époux a été mis immédiatement en possession et jouissance ;

2o Aux termes du contrat de mariage de Mme Dumont, reçu par Me....., notaire à....., le....., contenant aussi adoption du régime de la communauté, M. Dupré a constitué en dot à sa fille, par avancement d'hoirie, une somme de six mille francs en numéraire et un trousseau évalué à douze cents francs, le tout payé et livré le jour du mariage, dont la célébration en a valu quittance;

3o Par le contrat de mariage de Mme Courset aussi mariée sous le régime de la communauté, M. Dupré a constitué en dot à la future épouse, sa fille, par avancement d'hoirie, une somme de sept mille francs en numéraire et un trousseau évalué quinze cents francs, le tout également payé et livré le jour du mariage, dont la célébration en a valu quittance ;

4o M. Dupré (Julien-Auguste) non marié, n'a pas été doté; mais son père à diverses époques lui a fait des prêts et avances, sans intérêt, savoir :

Le....., deux mille francs. . . . . 2,000 »
Le....., cinq mille francs . . . . 5,000 »
Le....., payement à M....., d'une dette en son acquit, trois mille cinq cents francs. 3,500 »
Le....., douze cents francs . . . . 1,200 »
Ensemble, une somme de onze mille sept cents francs, dont il est débiteur envers son père . . . . 11,700 »

Dans cette situation, M. Dupré père a proposé à ses enfants de leur faire donation à titre de partage anticipé de ses immeubles, à la condition d'y réunir les rapports qu'ils doivent à la masse de sa succession, pour les dots constituées aux trois premiers enfants et les avances faites au quatrième.

Les enfants de M. Dupré ayant consenti à effectuer dès à présent les rapports qu'ils se devraient au décès de leur père, afin d'en faire le partage au moyen de la réunion à la masse des biens qu'il va leur donner, il est procédé ainsi qu'il suit :

PARTAGE ANTICIPÉ.

M. Dupré père fait, par ces présentes, donation à titre de partage anticipé, en conformité des articles 1075 et suivants du Code civil,

---

(1) Troplong, 2313; Demolombe, XXIII, 75; Aubry et Rau, § 631, p. 23; Cass., 12 avril 1831; Nîmes, 8 novembre 1864; Toulouse, 26 juillet 1878. Voir cep. Laurent, XV, 43.

(2) Aubry et Rau, § 731-11; Cass., 9 juillet 1840; Nancy, 27 juillet 1865.

remplis de leurs parts héréditaires, l'ascendant pour compléter leurs lots en immeubles, et ne comprendre que des immeubles dans les lots des autres (1); comme aussi il peut attribuer des immeubles à ceux des enfants tenus au rapport, et les sommes rapportées aux autres enfants.

97. Réduction de donation. — Si une donation faite avec dispense de rapport excède la quotité disponible, on peut comprendre cet excédent dans le partage anticipé, si l'enfant donataire y consent.

A : 1° M. Dupré (Claude-Louis);
2° Mme veuve Dumont;
3° Mme Courset;
4° Et M. Dupré (Julien-Auguste);
Qui acceptent expressément, Mme Courset avec l'autorisation de son mari,
De ses biens immeubles, dont la désignation suit :

DÉSIGNATION.

1° Une maison d'habitation, située à....., rue du Bosquet, composée d'un rez-de-chaussée avec grenier au-dessus, couvert en tuiles, divisée en cuisine, salle à manger, deux chambres à feu, une chambre sans foyer, bâtiments accessoires, cour et jardin; le tout d'une superficicie de vingt-cinq ares quarante centiares, figuré au plan cadastral, section A, n°s 48, 50 et 51, tenant d'un côté, etc.

2° Un verger enclos de murs, planté d'arbres fruitiers en plein vent et en espaliers, situé à....., etc.;

3° Une pièce de terre en labour, de la contenance de un hectare soixante ares, située, etc.;

4° Une autre, contenant quatre-vingt-deux ares soixante-cinq centiares, située, etc.;

5° Une autre, contenant deux hectares dix-sept ares, située, etc.;

6° Une vigne, contenant cinquante-trois ares vingt-cinq centiares, située, etc.;

7° Une prairie, contenant soixante-huit ares trente quatre centiares, située, etc.;

8° Une autre prairie, contenant cinquante-trois ares dix centiares, située, etc.

RAPPORTS.

9° Une pièce de terre en labour, de la contenance de un hectare soixante-quatre ares dix-sept centiares, située commune de....., lieudit....., section B, n° 48 du plan cadastal, tenant d'un côté, etc.;

10° Une autre, en labour, contenant un hectare vingt ares, située, etc.

Ces deux immeubles rapportés par M. Dupré (Claude-Louis), comme lui ayant été constitués en dot, aux termes de son contrat de mariage du....., ci-dessus énoncé.

11° La somme de sept mille deux cents francs, dont Mme veuve Dumont effectue le rapport à la masse pour la dot en numéraire et en un trousseau que M. Dupré son père lui a constituée par son contrat de mariage du....., ci-dessus mentionné;

12° La somme de huit mille cinq cents francs, rapportée à la masse par Mme Courset, pour le montant du numéraire et du trousseau à elle constitués en dot par M. Dupré son père, aux termes de son contrat de mariage du....., ci-dessus relaté;

13° Et la somme de onze mille sept cents francs, dont M. Dupré (Julien-Auguste) effectue le rapport à la masse à partager pour les prêts et avances que M. Dupré son père lui a faits, ainsi qu'on l'a énoncé ci-dessus.

ORIGINE DE PROPRIÉTÉ DES IMMEUBLES DONNÉS.

Les immeubles donnés appartiennent à M. Dupré père, etc. (*Établir l'origine de propriété.*)

DIVISION DES BIENS.

M. Dupré père, avec le concours de ses enfants, a fait ainsi qu'il suit la division entre eux, des biens donnés et des rapports que les enfants donataires ont effectué à la masse.

I. M. Dupré *(Claude-Louis).*

Pour remplir M. Dupré (Claude-Louis) de son quart dans les biens compris en la masse,

____

(1) Angers, 10 mai 1838.

98. Créanciers. — Le rapport ainsi effectué et accepté par l'enfant ne saurait être critiqué par ses créanciers, même alors qu'il a lieu en moins prenant (1).

99. Avantages égaux. — Si les enfants ont été avantagés également, il peut être utile de le constater et de mentionner que cette égalité les dispense de tout rapport.

100. Certificat de propriété. — Si le partage anticipé comprend des rentes sur l'État, le notaire doit être requis de délivrer le certificat de propriété relatif à ces rentes. Quand il y a des mineurs ou autres incapables, il faut mentionner dans le certificat de pro-

---

M. Dupré père, avec l'assentiment des trois autres enfants, lui attribue à titre de partage anticipé :

1º La maison, article premier de la masse ;

2º Le verger formant l'article deux ;

3º La pièce de terre en labour composant l'article quatre ;

4º La prairie faisant l'objet de l'article sept ;

5º La pièce de terre en labour dont M. Dupré (Claude-Louis) a fait le rapport sous l'article neuf de la masse et qu'il effectue ainsi en moins prenant ;

6º Et la somme de mille francs, à toucher de M. Dupré (Julien-Auguste), sur les onze mille sept cents francs qu'il a rapportés (article treize de la masse).

II. Mᵐᵉ Dumont.

Pour remplir Mᵐᵉ Dumont de son quart dans les biens compris en la masse, M. Dupré, avec l'assentiment des trois autres enfants, lui attribue à titre de partage anticipé :

1º La pièce de terre en labour, composant l'article trois de la masse ;

2º La pièce de terre en labour dont M. Dupré (Claude-Louis) a effectué le rapport sous l'article dix de la masse ;

3º Et la somme de sept mille deux cents francs que Mᵐᵉ Dumont a rapportée par l'article onze de la masse et dont, à ce moyen, elle se trouve avoir effectué le rapport en moins prenant.

III. Mᵐᵉ Courset.

Pour remplir Mᵐᵉ Courset de son quart dans les biens compris en la masse, M. Dupré père, avec l'assentiment de ses autres enfants, lui attribue à titre de partage anticipé :

1º La moitié à prendre du côté de M....., dans la pièce de terre article cinq de la masse ;

2º La vigne, article six de la masse ;

3º La prairie formant l'article huit ;

4º Et la somme de huit mille cinq cents francs par elle rapportée sous l'article douze de la masse et dont, par suite, elle se trouve avoir fait le rapport en moins prenant.

IV. M. Dupré *(Julien-Auguste)*.

Enfin pour remplir M. Dupré (Julien Auguste) de son quart dans les biens formant la masse, M. Dupré père, avec l'assentiment de ses autres enfants, lui attribue à titre de partage anticipé :

1º L'autre moitié à prendre du côté attenant à M....., de la pièce de terre composant l'article cinq de la masse ;

2º Et la somme de dix mille sept cents francs, sur les onze mille sept cents francs dont il a fait le rapport à l'article douze de la masse ; de laquelle somme de dix mille sept cents francs il se trouve à ce moyen avoir effectué le rapport en moins prenant.

ACCEPTATION.

Chacun des donataires accepte l'attribution à lui faite, Mᵐᵉ Courset avec l'autorisation de son mari, et tous abandonnements et dessaisissements de propriété sont respectivement consentis et acceptés.

CONDITIONS DU PARTAGE.

(Pour le surplus, voir les formules 1 et 2 ci-dessus et la formule 16 ci-après.)

Enregistrement. — Droit proportionnel de 1.50 p. 100 sur les biens donnés ; droit gradué de partage sur le montant des rapports, et droit d'obligation de 1 p. 100 sur les 1,000 fr. attribués dans le rapport, si cette somme n'est pas payée par l'acte même.

---

(1) Demolombe, XXIII, 77 ; Genty, p. 137 ; Troplong, 2313 ; Réquier, 134 ; Bonnet, 277, 278 ; Aubry et Rau, § 731-11 ; Cass., | 9 juillet 1840 ; Nîmes, 20 décembre 1854 ; Rennes, 23 août 1862 ; Colmar, 3 avril 1865 ; Paris, 1ᵉʳ mai 1863.

priété que l'attribution a été faite par l'ascendant donateur, car s'il était dit que le partage a été fait entre les donataires, on s'exposerait à un rebut du Trésor (1).

SECTION II. — **Partage anticipé par père et mère.**

101. Collectif. — Les père et mère ont la faculté, par un seul et même acte, de faire conjointement la donation à titre de partage anticipé de leurs biens à leurs enfants et descendants, en une masse unique dont la division a lieu entre ceux-ci [FORM. 16].

FORMULE 15. — **Certificat de propriété pour une rente attribuée par un partage anticipé; cas de la formule 1** (N° 100).

DETTE PUBLIQUE

Trois pour cent.

Inscription au Grand-Livre

N° 43712.   Série 6.   Rente : 100 francs

Au nom de M. LECLAIR (Charles-Auguste).

Je soussigné....., notaire à.....;

Vu :

1° L'extrait d'inscription dont l'immatricule précède;

2° La minute étant en ma possession, d'un acte reçu par moi, en présence de témoins, le....., aux termes duquel M. LECLAIR (Charles-Auguste), propriétaire, demeurant à....., a fait donation à titre de partage anticipé de ses biens, parmi lesquels figure la rente qui vient d'être visée, à : 1° M. LECLAIR (Jules-Eugène), cultivateur, demeurant à.....; 2° Mme LECLAIR (Thérèze-Rosalie), épouse de M. Victor-Louis BERTÉ, charron, demeurant à.....; 3° M. LECLAIR (Louis-Charles), marchand épicier, demeurant à.....; ses trois enfants et présomptifs héritiers, chacun pour un quart, et qui ont accepté; 4° les mineurs MARTEL (Auguste-Honoré) et MARTEL (Louise-Hélène), ses petits-enfants, et présomptifs héritiers pour le dernier quart, par représentation de Mme Florence LECLAIR, leur mère, décédée, épouse de M. Joseph MARTEL, horticulteur, demeurant à....., et fille de M. LECLAIR, donateur, ce qui a été accepté pour eux, par M. MARTEL, leur père et tuteur.

Par lequel acte, la rente de cent francs sus visée a été attribuée par M. LECLAIR, donateur, en nue propriété à Mme BERTÉ, l'usufruit ayant été réservé par le donateur, qui a imposé la condition de ne pas l'aliéner pendant sa vie sans son consentement.

CERTIFIE, conformément à la loi du 22 floréal an VII, que le titre de cent francs de rente ci-dessus visé appartient à la ci-après nommée, et doit être immatriculé comme suit :

LECLAIR (Charles-Auguste), pour l'usufruit pendant sa vie. La nue propriété à LECLAIR (Thérèze-Rosalie), femme de Victor-Louis BERTÉ; ladite rente inaliénable pendant la vie de l'usufruitier, sans son consentement.

En foi de quoi j'ai délivré le présent;

A....., le......

ENREGISTREMENT. — Droit fixe 3 fr. (Loi 22 frim. au VII, art. 68, § 1er, n° 17).

FORMULE 16. — **Partage anticipé par père et mère. — Réserve d'usufruit ou rente viagère. — Rapports** (N°s 101 à 117).

PAR DEVANT Me.....,

ONT COMPARU :

M. LECAIN (Vaast-Antoine), propriétaire, et Mme BELET (Geneviève-Rosalie), son épouse de lui autorisée, demeurant ensemble à.....,

Mariés sous le régime de la communauté, aux termes de leur contrat de mariage reçu par Me....., notaire à....., le.....;

Lesquels ont, par ces présentes, fait donation entre vifs, à titre de partage anticipé, en conformité des articles 1075 et suivants du Code civil, en s'obligeant solidairement entre eux à garantir les donataires contre tous troubles et évictions,

____

(1) Defrénois, *Comment. Loi 27 février 1860* n° 25.

102. Garantie solidaire. — Il est nécessaire, en cas de partage collectif par père et mère, qu'ils s'obligent solidairement à la garantie contre tous troubles et évictions, de manière que le survivant ne puisse y porter atteinte à raison des donations éventuelles que son conjoint prédécédé aurait pu lui faire par contrat de mariage (1); s'ils renonçaient seulement à la donation éventuelle, cette renonciation serait entachée de nullité, soit comme contraire à l'immutabilité des conventions matrimoniales, soit comme portant sur une succession future (2), et cette nullité serait susceptible d'être prononcée pour l'acte entier (3).

103. Biens. — Le partage collectif comprend les biens propres de l'un et de l'autre des époux, ainsi que ceux de la communauté ou société d'acquêts existant entre eux : quoique l'administration du mari ne comporte pas le droit de donner entre vifs les immeubles de la communauté (C. civ., 1422), le concours de la femme à la donation a pour objet d'habiliter le mari et la disposition est valable (4). Si, après la dissolution du mariage, la femme ou ses héritiers renonçaient à la communauté, le mari serait considéré comme seul donateur des biens communs (5).

A : 1° M. Lecain (Jules-Léon), propriétaire, cultivateur, demeurant à.....;

2° Mme Lucain (Rose-Aline), épouse assistée et pour ces présentes autorisée de M. Claude Tabaret, vigneron, avec lequel elle demeure à.....,

    Leurs deux enfants et présomptifs héritiers, chacun pour un tiers, à ce présents et acceptant expressément, Mme Tabaret avec l'autorisation de son mari;

3° M. Lambert (Jean-Jacques), mineur, étant né à....., le.....;

4° Mlle Lambert (Pauline-Elise), mineure, née à....., le.....,

Domiciliés à....., chez M. Lambert, leur père,

    Leurs petits-enfants et présomptifs héritiers, conjointement pour le dernier tiers, soit séparément chacun pour un sixième, par représentation de Mme Laure-Virginie Lecain, leur mère, décédée à....., le....., épouse de M. Louis-Auguste Lambert, boulanger, demeurant à....., et fille des comparants,

    Ce qui est accepté pour les mineurs Lambert, par M. Lambert, leur père ci-dessus prénommé, qualifié et domicilié, à ce présent,

De leurs biens immeubles, dont la désignation suit :

DÉSIGNATION.

Art. 1. Une maison située à....., etc.....

Art. 2. Une pièce de terre en labour, située.....

Art. 3. Une autre, de même nature, située.....

Art. 4. Une autre aussi, en labour, située.....

Art. 5. Une pâture enclose de haies vives, située.....

Art. 6. Un herbage enclos par des haies et des arbres de haute futaie, planté d'arbres fruitiers, situé.....

Art. 7. Un enclos, situé.....

Art. 8. Une prairie, située.....

(Désigner les immeubles donnés, voir les formules 1 et 2.)

Rapports par Mme Tabaret et les mineurs Lambert.

Comme conditions formelles du présent partage anticipé, M. et Mme Lecain, donateurs, imposent à Mme Tabaret et aux mineurs Lambert, la condition de faire le rapport actuel à la masse, des dots par eux constituées à Mmes Tabaret et Lambert; ils font observer qu'aucune donation ni aucun avantage sujets à rapport n'ont été faits à M. Lecain (Jules-Louis).

Rapport de Mme Tabaret.

Art. 9. La somme de trois mille deux cents francs, montant de la dot en numéraire et objets

---

(1) Arg. Cass., 19 février 1868.
(2) Agen, 13 juillet 1868.
(3) Chambéry, 23 juillet 1873.
(4) Durantou, XIV, 272; Demante, IV, 244 bis; Troplong, *Contr. de mar.*, 903; Aubry et Rau, § 731-7; Massé et Vergé, § 509-3; Demolombe, XXII, 83; Réquier, 134; Bonnet, 270; Genty, p. 154 et 162; Riom, 5 janvier 1844; Paris, 23 juin 1849; Cass., 31 juillet 1867; Caen, 20 janvier 1888; Rép. Defrénois, 4271. Contra : Rodière et Pont, I, 662; Marcadé, 1482-2; Laurent, XV, 49; Bourges, 10 août 1840; Caen, 3 mars 1843.
(5) Demolombe, XXIII, 84.

104. Reprises et récompenses. — L'abandon anticipé, par les père et mère à leurs enfants, de la totalité de leurs biens, et, par conséquent, de tous les biens dépendant de leur communauté, a pour effet de les transmettre de la même manière que par décès ; d'où il suit que les reprises des époux sur la communauté et les récompenses dont ils sont débiteurs envers la communauté se confondent avec les biens donnés, s'éteignent, de manière qu'au décès il n'y ait plus lieu à un règlement de ce chef entre les époux ni leurs héritiers, et le partage des biens existants à cette époque a lieu par moitié. La confusion des reprises est totale quand les biens de la communauté compris à la donation-partage sont suffisants ; elle n'est que partielle jusqu'à concurrence des biens quand ils sont insuffisants (1). Comme cette confusion pourrait être contestée par la régie, qui prétendrait que les reprises doivent être déclarées au décès, il est utile de stipuler, par le partage d'ascendant, l'extinction des reprises par la confusion.

105. Division. — Voir, pour ce qui concerne la division des biens entre les enfants, les explications données *supra* n⁰ˢ 45 à 51. Si la division entre les enfants tous majeurs et

mobiliers, que M. et Mᵐᵉ LECAIN ont constituée à Mᵐᵉ TABARET, aux termes de son contrat de mariage, contenant adoption du régime de la communauté, reçu par Mᵉ....., notaire à......

Rapport des mineurs LAMBERT.

ART. 10. La somme de deux mille huit cents francs, aussi montant de la dot en numéraire et objets mobiliers, constituée par M. et Mᵐᵉ LECAIN à Mᵐᵉ LAMBERT, leur fille, aux termes de son contrat de mariage, portant également adoption du régime de la communauté, passé devant Mᵉ....., notaire à......

ORIGINE DE PROPRIÉTÉ DES IMMEUBLES DONNÉS.

I. *Propres de* M. LECAIN.

Les immeubles articles premier et trois de la masse, appartiennent en propre à M. LECAIN, comme les ayant recueillis, etc.

II. *Propres de* Mᵐᵉ LECAIN.

Les immeubles articles deux et huit, appartiennent en propre à Mᵐᵉ LECAIN, comme faisant partie du lot à elle attribué par le partage, etc.

III. *Immeubles acquêts.*

Quant aux immeubles formant les articles quatre, cinq, six et sept, ils dépendent de la communauté existant entre M. et Mᵐᵉ LECAIN, donateurs, au moyen de l'acquisition que le mari en a faite, savoir :

L'article quatre, de....., etc.

REPRISES ET RÉCOMPENSES (N⁰ 104).

Les parties expliquent que le présent partage anticipé comprenant tous les immeubles de la communauté ayant existé entre M. et Mᵐᵉ LECAIN, père et mère, les reprises que ceux-ci auraient à exercer contre la communauté pour quelque cause que ce soit et les récompenses qu'ils pourraient leur devoir aussi pour n'importe quelle cause, se confondent avec les immeubles donnés, en conséquent se trouvent éteintes par le fait de la présente donation conjointe des immeubles acquêts, de sorte que cette donation est censée comprendre les prélèvements pour les reprises et la charge des déductions qui seraient à opérer pour les récompenses. Par suite, les reprises des époux et les récompenses qu'ils pourraient devoir à la communauté se trouvent définitivement éteintes, sans qu'aucune réclamation puisse être exercée pour les reprises et récompenses, lors de la dissolution de la communauté.

A ce moyen, les biens communs qui pourront exister au décès du premier mourant des donateurs se partageront dans la proportion de moitié pour chacun entre le survivant et les héritiers et représentants du prédécédé, sauf l'exercice seulement des reprises dont les causes seraient postérieures au présent partage anticipé.

Si la confusion est seulement partielle : Les parties expliquent que les biens de la commu-

---

(1) Defrénois, *Liquid.,* II, 6250 à 6252.

maîtres de leurs droits a lieu séparément de la démission de biens, sans la participation des ascendants donateurs, les actions en nullité ou en rescision s'ouvrent, non du jour du décès du survivant des donateurs, mais du jour même du partage.

106. Lotissement. — Si chacun des enfants a reçu en nature sa part dans les biens formant la masse des patrimoines réunis des père et mère, aucun d'eux, au décès des donateurs, n'est recevable à demander la rescision du partage par le motif qu'il n'aurait pas reçu une part égale en nature de chacune des deux successions considérées isolément (1).

107. Réserve d'usufruit. — Reversibilité. — Les père et mère, en se démettant de leurs biens au profit de leurs enfants, se privent du droit d'en disposer en cas de besoin; par ce motif, il est équitable qu'ils trouvent l'équivalent de cette privation dans la charge imposée aux enfants de leur laisser, et au survivant, sans réduction, l'usufruit de la totalité des biens donnés. Après la promulgation du Code civil et jusqu'en 1833, on n'a vu dans cette charge qu'une condition de la donation dont la validité ne semblait pas douteuse (2).

108. Don mutuel. — En 1833, la jurisprudence a commencé à innover sur ce point

---

nauté d'entre M. et Mme Lecain compris au présent partage, y sont entrés avec la confusion, jusqu'à concurrence de ces biens, des reprises que chacun de M. et Mme Lecain peut avoir à exercer contre la communauté, par une contribution sur ces biens du montant des reprises de l'un et de l'autre, de manière qu'au décès du premier mourant, il n'y ait lieu à un règlement pour les reprises de chacun d'eux, selon les règles du droit commun, que pour ce qui leur restera à prélever après cette confusion opérée.

DIVISION DES BIENS (N°s 105, 106).

M. et Mme Lecain, donateurs, avec l'assentiment des donataires, M. Lambert pour ses enfants mineurs, ont fait entre ceux-ci, la division des biens donnés et des rapports effectués, ainsi qu'il suit :

I. M. Lecain *(Jules-Louis)*.

Pour remplir M. Lecain (Jules-Louis) de son tiers dans les biens compris dans la masse, M. et Mme Lecain, donateurs, lui attribuent à titre de partage anticipé :

1º La maison, article premier de la masse ;

2º Les pièces de terre, articles deux et quatre de la masse ;

3º Et la pâture, article cinq.

II. Mme Tabaret.

Pour remplir Mme Tabaret de son tiers dans les mêmes biens, M. et Mme Lecain, donateurs, lui attribuent à titre de partage anticipé :

1º La pièce de terre, article trois de la masse ;

2º L'herbage, article six de la masse ;

3º Et la somme de trois mille deux cents francs par elle rapportée sous l'article neuf de la masse et dont, à ce moyen, elle se trouve avoir effectué le rapport en moins prenant.

III. *Mineur* Lambert *(Jean-Jacques)*.

Pour le remplir de son sixième dans les mêmes biens, M. et Mme Lecain, donateurs, lui attribuent au même titre de partage anticipé :

1º La moitié du côté attenant à M....., de l'enclos nº 7 ;

2º La moitié du côté attenant à M....., de la prairie, nº 8 ;

3º Et la somme de quatorze cents francs formant la moitié à sa charge, des deux mille huit cents francs que les mineurs Lambert ont rapportés à l'article dix de la masse; de sorte que le mineur Lambert se trouve avoir effectué le rapport en moins prenant de sa moitié.

IV. *Mineure* Lambert *(Pauline-Elise)*.

Pour la remplir de son sixième, etc. *(Même rédaction qu'en ce qui concerne le mineur.)*

---

(1) Demolombe, XXIII, 229.

(2) Troplong, 1097; Coin-Delisle, *Rev. crit.*, 1853, I, p. 122; Bauby, *Rev. prat.*, X, p. 455; Poitiers, 23 juin 1851, 20 février 1864; Metz, 18 juin 1863, Nîmes, 16 décembre 1865; Douai, 13 février 1866; Nancy, 6 mars 1879; Pontoise, 19 juin 1883; Rép. Defrénois, 1560.

et, depuis, on décide, comme si cela était de principe, qu'une telle stipulation doit être considérée comme une libéralité mutuelle entre époux faite par un même acte, à ce titre nulle en vertu de l'art. 1097 C. civ. (1); mais laisse subsister la donation-partage (2), et que, en tout cas, la nullité ne peut pas être invoquée par l'enfant qui a vendu sa part indivise dans les biens donnés (3).

109. Loi proposée. — Comme la reversion d'usufruit est d'un usage général et constitue une pratique d'utilité publique, on a demandé aux parlements, par voie de pétition, une loi pour que la validité de la réserve d'usufruit reversible ne soit pas contestable (4). Mais cela a amené simplement un rapport nébuleux par un conseiller d'Etat suivi d'un avis du conseil d'Etat (5) qui n'ont nullement éclairci la question, au contraire.

110. Usufruit transmissible. — On se trouve donc en présence d'une jurisprudence suivant laquelle la reversibilité d'usufruit constitue une libéralité mutuelle entre époux par un même acte, à ce titre nulle, quand il résulte de la formule employée et de sa teneur que les époux ont eu la volonté de faire une réserve d'usufruit transmissible au survivant (6).

ACCEPTATION.

Les donataires, Mme Tabaret autorisée de son mari et M. Lambert pour ses enfants mineurs, acceptent les attributions à eux faites.

CONDITION DU PARTAGE ANTICIPÉ.

1° *Réserve d'usufruit* (N°s 107 à 113).

M. Lecain, donateur, en ce qui le concerne personnellement et comme condition formelle de sa donation sans laquelle elle n'aurait pas eu lieu, impose aux donataires, qui s'y soumettent expressément, M. Lambert pour ses enfants mineurs, la charge de le laisser jouir, à titre d'usufruitier pendant sa vie, de la totalité des immeubles compris dans leurs lots, qu'ils soient propres à lui, ou à sa femme, ou dépendant de leur communauté et provenant de sa propre donation et de celle faite par Mme Lecain, au cas où il lui survivrait.

Mme Lecain, de son côté, aussi en ce qui la concerne personnellement et comme condition formelle de sa donation sans laquelle elle n'aurait pas eu lieu, impose également aux donataires, qui s'y soumettent expressément, M. Lambert pour ses enfants mineurs, la charge de la laisser jouir, à titre d'usufruitière pendant sa vie, de la totalité des immeubles compris en leurs lots, qu'ils soient propres à elle ou à son mari, ou dépendant de leur communauté et provenant de sa propre donation et de celle faite par M. Lecain, son mari, au cas où elle lui survivrait.

Ces conditions sont imposées par chacun des donateurs personnellement et séparément comme charge expresse de sa propre donation. Elles ne pourront donc en aucun cas et à aucun titre, en droit civil et en droit fiscal, produire les effets d'une libéralité entre époux.

Les usufruitiers, dans tous les cas ci-dessus, ne seront pas tenus de fournir caution ni un état des immeubles. — *Si le partage comprend des valeurs mobilières, on peut ajouter* : Mais ils devront faire emploi des sommes capitales qu'ils recevront, en placements hypothécaires, ou en achat de rentes sur l'Etat ou obligations de chemins de fer, en leurs noms pour l'usufruit, la nue propriété aux donataires suivant les attributions ci-dessus.

Autre formule de réserve d'usufruit quand les donataires sont majeurs et capables (N° 112).

Comme condition formelle du présent partage anticipé :

1° M. Lecain père, donateur, fait la réserve à son profit et pendant sa vie, de l'usufruit de la totalité des biens par lui donnés ; en outre, les donataires, pour le cas où il survivrait à Mme Lecain, sa femme, lui cèdent et abandonnent l'usufruit, aussi pendant sa vie, de la totalité des biens par elle donnés, pour en jouir à partir du décès de cette dernière.

---

(1) Amiens, 10 novembre 1853 ; Cass., 26 mars 1855 ; Agen, 21 novembre 1860 ; Cass., 19 janvier 1881 ; Nancy, 11 juin 1887 ; Rép. Defrénois, 217, 4724. Conf. : Demolombe, XXIII, 449 ; Aubry et Rau, § 743-15 ; Massé et Vergé, § 321-4 ; Laurent, XV, 324 ; Bonnet, 276 ; Réquier, 137.
(2) Laurent, XV, 324 ; Cass., 26 mars 1855, 23 février 1878.

Contra : Réquier, 137 ; Bonnet, 401 ; Amiens, 10 novembre 1853 ; Nancy, 11 juin 1887 ; Rép. Defrénois, 4724.
(3) Paris, 20 février 1884 ; Rép. Defrénois, 2279.
(4) Rép. Defrénois, 1531, 3188.
(5) *Ibid.*, 3214, 3238.
(6) Cass., 19 janvier 1881 ; Rép. Defrénois, 217.

111. Charge respective. — Si la réserve d'usufruit n'est pas transmissible d'un époux à l'autre, mais, au contraire, est une condition imposée par chaque époux respectivement et personnellement, comme charge de son propre concours à la donation-partage, il n'est plus possible d'y voir une libéralité; c'est plutôt une stipulation particulière à chacun des époux exclusive de toute idée de libéralité, à ce titre ne pouvant en aucune manière être considérée comme une donation mutuelle entre époux et, par conséquent, échappe à la prohibition de l'article 1097. Nous avons fait usage d'une rédaction en ce sens dans la formule ci-contre; nous recommandons de toujours l'employer, lorsque parmi les copartagés il y a des mineurs ou d'autres incapables.

112. Usufruit cédé. — Si les copartagés sont tous majeurs et maîtres de leurs droits, il peut intervenir, relativement à l'usufruit des biens donnés, toutes conventions entre eux et les donateurs, la reversibilité, suivant une décision (1), ne constitue une libéralité que quand elle émane directement des donateurs sans qu'il soit possible de la rattacher, par un lien quelconque, à une disposition des donataires. Si donc les donataires

---

2º De son côté, Mᵐᵉ Lecain, donatrice, fait également la réserve à son profit et pendant sa vie de l'usufruit de la totalité des biens par elle donnés; en outre, les donataires, pour le cas où elle survivrait à M. Lecain, lui cèdent et abandonnent l'usufruit, aussi pendant sa vie, de la totalité des biens donnés par ce dernier, pour en jouir à partir de son décès.

Ces conditions sont imposées....., etc. *(Le surplus comme dessus.)*

ou : 1º Rente viagère (114).

M. et Mᵐᵉ Lecain, donateurs, chacun personnellement comme condition expresse de son concours à la présente donation sans laquelle elle n'aurait pas eu lieu, imposent aux donataires qui s'y soumettent formellement, M. et Mᵐᵉ Tabaret solidairement entre eux et M. Lambert pour ses enfants mineurs, la charge de servir aux donateurs, pendant leur vie et celle du survivant d'eux, avec reversibilité au profit dudit survivant, une pension annuelle et viagère de....., qui courra à partir du....., et sera payable par les donataires selon les quotités de leurs droits sus fixés, aux donateurs, et au survivant d'eux, sans réduction, en leur demeure, chaque année, tous les trois mois, les.....; pour faire le payement du premier trimestre, le....., celui du second le..... et ainsi continuer jusqu'au jour du décès du survivant des donateurs.

Il est formellement convenu que le droit du survivant des donateurs à la reversibilité de la totalité de la pension viagère est une charge formelle, une condition expresse de son propre concours à la présente donation. Il y aura donc un droit personnel et exclusif, de sorte que la reversibilité, puisqu'elle résulte d'une convention valablement intervenue entre lui et ses enfants donataires, ne pourra à aucun titre, en droit civil ou en droit fiscal, être considérée comme produisant les effets d'une libéralité entre époux.

Les donateurs et le survivant d'eux ne seront pas tenus de justifier de certificats d'existence pour recevoir les arrérages de cette pension viagère, tant qu'ils les recevront eux-mêmes.

A défaut par les donataires de servir exactement les arrérages de cette rente viagère, les donateurs pourront, comme de droit, en faire prononcer la révocation, contre celui ou ceux qui ne les acquitteraient pas.

Si la révocation vient à être prononcée, etc. *(Pour le surplus, voir formule* 13.)

2º Jouissance.

Les donataires auront la propriété des biens entrés dans leurs lots, à partir d'aujourd'hui. Mais à la charge de souffrir les usufruits réservés ou imposés comme il a été stipulé ci-dessus; en conséquence ils n'en auront la jouissance qu'à compter du jour du décès du survivant des donateurs, époque de l'extinction de l'usufruit.

Toutefois Mᵐᵉ Tabaret et les mineurs Lambert conserveront la jouissance des objets compris dans leurs attributions comme provenant des rapports par eux effectués.

3º Etat des bâtiments. — Contenance.

Les immeubles sont attribués dans l'état où ils se trouvent avec leurs dépendances, sans

---

(1) Cass., 24 janvier 1860; Garnier, R. P. 1280.

sont maîtres de leurs droits, la donation-partage peut leur être faite avec transmission de propriété, et il est permis aux donataires, de leur côté, de transférer au survivant des père et mère l'usufruit des biens donnés par le prédécédé. Voir ci-contre une formule en ce sens (1).

113. Donations séparées. — Nous ne conseillons pas de faire usage de la formule divisée préconisée par un recueil spécial du notariat. Suivant ce recueil, les donateurs doivent se faire d'abord la donation de l'usufruit par deux actes séparés, ainsi que le prescrit l'art. 1097; puis, par le partage anticipé, se réserver cet usufruit jusqu'au décès du survivant, en se référant expressément aux actes de donation qu'ils déclarent maintenir. Cette forme de procéder ne saurait atteindre le but cherché; en effet, la donation entre époux n'est-elle pas révocable, et, à la supposer non révoquée, les héritiers du prédécédé ne pourront-ils pas la faire réduire comme excédant la portion disponible? Le survivant invoquerait en vain l'obligation prise par les donataires de souffrir la libéralité; on lui répondrait que cette obligation constitue un pacte sur une succession future dans le sens des art. 791, 1130 et 1600 du C. civ., et comme telle est réputée non écrite.

exception ni réserve, comme aussi sans garantie tant de l'état de solidité des bâtiments que des contenances indiquées; par suite, les donataires ne pourront exercer aucune réclamation les uns envers les autres, pour la différence qui existerait entre les contenances réelles et celles exprimées.

4° Servitudes.

Les donataires supporteront les servitudes passives, apparentes ou occultes, continues ou discontinues, pouvant grever les immeubles à eux attribués et profiteront de celles actives s'il en existe, le tout à leurs riques et périls; sans toutefois que la présente clause puisse conférer à des tiers plus de droits que ceux qu'ils pourraient avoir en vertu de la loi ou de titres réguliers et non prescrits.

5° Division; bornage.

Il sera fait à la première réquisition de l'un des mineurs LAMBERT, le mesurage et la division en deux portions égales, des immeubles articles sept et huit à eux attribués par moitié. La séparation sera constatée par des bornes plantées sur la ligne de division.

Les arbres qui, par suite de cette division, se trouveront à une distance de la ligne de séparation moindre que celle voulue par la loi, continueront d'exister ainsi; mais s'ils viennent à être arrachés ou à périr par quelque accident que ce soit, ils ne pourront être remplacés qu'à la distance prescrite.

6° Donation d'excédent de lots.

Pour le cas où l'un ou plusieurs des lots seraient d'une valeur supérieure aux autres, M. et Mme LECAIN déclarent faire donation par préciput et hors part, de l'excédent, à celui ou à ceux des donataires dans les lots desquels il se trouverait exister, ce qui est accepté par tous les donataires, M. LAMBERT pour ses enfants mineurs.

7° Condition de ne pas attaquer le partage.

M. et Mme LECAIN, donateurs, imposent expressément aux donataires, qui s'y soumettent, M. LAMBERT pour ses enfants mineurs, la condition de ne pas attaquer le présent partage anticipé. Si cependant il venait à être attaqué par un ou plusieurs des donataires pour une cause quelconque, M. et Mme LECAIN déclarent priver de toute part dans la quotité disponible celui ou ceux qui se refuseraient à son exécution; et, pour ce cas, ils font donation par préciput et hors part, de la quotité disponible, dans sa succession, à celui ou à ceux des donataires contre lesquels la demande serait formée, ce qui est accepté par les donataires, M. LAMBERT au nom de ses enfants mineurs.

8° Interdiction d'aliéner.

Les donateurs, en raison de l'usufruit à leur profit respectif stipulé plus haut, — ou : en raison de la rente viagère qu'ils ont respectivement imposée aux donataires, — interdisent formellement aux donataires, qui s'y soumettent, M. LAMBERT pour ses enfants mineurs, de vendre, aliéner ou hypothéquer, pendant leur vie et celle du survivant d'eux, tout ou partie des biens compris dans leurs lots, à peine de nullité des ventes, aliénations ou hypothèques.

---

(1) Cette formule nous a été communiquée par Me HUARD, notaire à Denonville; voir aussi la *Dissertation* de Me MERCIER, notaire à Hermeray; Rép. Defrénois, 1596, 2897.

114. Rente viagère. — La stipulation d'une rente viagère reversible au survivant des père et mère est censée une condition de chacune des donations ne pouvant, pour aucun motif, constituer une libéralité mutuelle entre époux. Cependant, comme le contraire a été décidé (1), il est prudent de stipuler, ainsi que nous l'avons rédigé dans la formule ci-contre, que le droit à la reversibilité en faveur du survivant est une charge de son propre concours à la donation-partage, et que cette reversion s'opérera à son profit à titre personnel et exclusif.

115. Conditions. — Voir, pour ce qui concerne les conditions du partage anticipé par père et mère, nos explications *supra* n°s 52 et suiv.

116. Réserve de disposer. — On verra, *infra* n° 128, la divergence qui existe en doctrine et en jurisprudence sur la question de savoir si les biens compris dans le partage d'ascendant doivent être rapportés fictivement à la masse des biens existants aux décès des donateurs pour le calcul de la quotité disponible. Pour éviter cette controverse et les difficultés qu'elle pourrait soulever, il est utile de stipuler dans l'acte de donation-partage, soit que cette réunion fictive devra être opérée, auquel cas le rapport fictif est effectué (2), soit, si la volonté des parties est contraire, que, par dérogation à l'art. 922 C. civ., le disponible sera réglé d'après les biens qui existeront lors des décès des donateurs, sans tenir

---

9° *Biens aux décès des donateurs* (N° 116).

M. et Mme LECAIN, donateurs, se réservent de disposer librement de leurs biens mobiliers actuels ainsi que des autres biens meubles ou immeubles dont ils pourront être propriétaires lors de leurs décès, par des libéralités soit entre époux, soit au profit d'un non successible, soit par préciput à l'un ou à plusieurs de leurs successibles. Les biens dont ils auront ainsi disposé seront imputables sur la quotité disponible calculée en formant une masse tant des biens existant au décès, que de ceux précédemment donnés même par le présent partage anticipé, qui, pour ce calcul, seront rapportés fictivement à la masse.

Ou BIEN : Il est convenu, par dérogation à l'art. 922 du Code civil, que lors des décès des donateurs, les biens qui composeront leurs successions seront partagés sans qu'il soit fait le rapport à la masse, pour le calcul du disponible, des biens compris au présent partage dont le rapport fictif ne sera pas effectué. De sorte que, s'il y a lieu de fixer la quotité disponible, elle sera calculée sur les seuls biens existants au décès.

10° *Titres.*

La division des titres de propriété des biens partagés a eu lieu conformément à l'article 842 du Code civil ; en conséquence il a été remis :

1^ent A M. LECAIN (Jules-Léon),

1° Etc. *(Indiquer les titres remis à chacun, ceux restant en commun et les dépositaires.)*

11° *Transcription.*

Une expédition des présentes sera transcrite au bureau des hypothèques de....., dans le délai d'un mois de ce jour.. Les donateurs déclarent et les donataires reconnaissent que les biens donnés ne sont grevés d'aucun droit privilégié ou hypothécaire ; par suite les donataires la requièrent sans la délivrance d'aucun état ou certificat sur transcription.

12° *Frais.*

Les frais et honoraires des présentes, le coût d'une grosse pour les donateurs, d'une expédition ou d'un extrait pour chacun des donataires et de la transcription aux hypothèques seront supportés par chacun de M. LECAIN (Jules-Léon) et Mme TABARET pour un tiers et par chacun des mineurs LAMBERT pour un sixième.

ÉVALUATION POUR L'ENREGISTREMENT

Pour la perception du droit d'enregistrement, les immeubles donnés sont évalués à un revenu annuel, impôts compris, de..... *(Voir* infra *formules 42 et 43.)*

---

(1) Nancy, 11 juin 1887 ; Rép. Defrénois, 4724. Voir *Ibid.*, art. 217, 1500, 1595, 2897.

(2) Cass., 9 juillet 1836, 13 décembre 1843 ; Bordeaux, 18 juillet 1868. Voir aussi Cass., 11 août 1868.

compte des biens compris dans le partage d'ascendant (1). La dérogation au rapport fictif pourrait aussi résulter tacitement, soit du fait que par le partage anticipé il aurait été stipulé que les enfants n'auront aucun compte à se demander ni aucun rapport à exiger lors de l'ouverture de la succession pour les biens y compris (2), soit de la circonstance que l'ascendant donateur n'a ensuite fait figurer dans ses dispositions que les biens qu'il laisse à son décès (3).

117. Interdiction de demander compte. — Les père et mère, par le partage anticipé collectif de leurs biens, ne peuvent interdire aux donataires de demander au survivant le compte des valeurs mobilières pouvant dépendre de leur communauté et de la succession du prédécédé; une telle clause serait nulle comme pacte sur une succession future (4).

118. Biens dotaux. — La femme mariée sous le régime dotal, étant privée de la capacité d'aliéner ses biens dotaux, ne peut les faire entrer, à moins que son contrat de mariage le permette, dans le partage anticipé entre vifs que son mari et elle font de leurs biens entre leurs enfants (5) [FORM. 17].

119. Etablissement des enfants. — Cette disposition lui serait permise, si elle avait lieu pour l'établissement de tous les enfants; il ne suffirait pas que le partage servît

---

ÉLECTION DE DOMICILE.

Pour l'exécution des présentes, les parties élisent domicile à....., en l'étude de Me....., notaire soussigné.

DONT ACTE. Fait et passé, etc.

ENREGISTREMENT. — Droit proportionnel à 1.50 p. 100 y compris transcription; plus droit gradué sur les rapports.

FORMULE 17. — Partage anticipé par père et mère. — Biens dotaux de la femme. — Acceptation par chacun des père et mère pour leurs enfants mineurs (Nos 118 à 120).

PAR DEVANT Me.....,
        ONT COMPARU :

M. MAILLARD (Joseph-Antoine), propriétaire, et Mme SELIN (Charlotte-Augustine), son épouse, de lui autorisée, demeurant ensemble à.....;

Lesquels ont dit ce qui suit, préalablement au partage anticipé qu'ils vont ci-après faire entre leurs enfants, dont quelques-uns sont encore mineurs :

M. et Mme MAILLARD, aux termes de leur contrat de mariage reçu par Me....., notaire à....., le....., ont adopté le régime dotal avec société d'acquêts et constitution en dot par la femme de tous ses biens meubles et immeubles présents et à venir.

Les époux se sont réservés la faculté d'aliéner par vente, échange ou autrement, les immeubles dotaux de la femme, à la condition de remploi en acquisitions d'autres immeubles, en placements hypothécaires ou en achat de rentes sur l'Etat ou obligations de chemins de fer ayant un minimum d'intérêt garanti par l'Etat.

Le contrat de mariage ne réserve pas à la femme la faculté de faire des donations ni, par conséquent, le droit de faire le partage anticipé de ses biens entre ses enfants, de sorte que cette disposition, en vertu de l'article 1556 du Code civil, est permise dans le cas seulement où elle procure un établissement aux enfants.

Néanmoins, M. et Mme MAILLARD considèrent qu'il est d'un intérêt majeur pour les enfants de faire un partage anticipé qui comprenne tous leurs biens, même ceux ayant aux mains de la femme un caractère dotal, afin d'éviter les contestations qui pourraient être soulevées après leur décès, comme aussi le partage judiciaire que nécessiterait la minorité de ceux des enfants qui n'auraient pas atteint leur majorité.

---

(1) Laurent, XV, 155; Cass., 19 août 1857.
(2) Aubry et Rau, § 184-20; Rouen, 21 janvier 1856; Cass., 19 avril 1857.
(3) Cass., 30 juillet 1879.
(4) Paris, 20 février 1884; Rép. Defrénois, 2251.
(5) Massé et Vergé, § 509 bis-2; Demolombe, XXIII, 73, 126;

Aubry et Rau, § 537-6 et 731-3; Laurent, XV, 42; Jouitou, 243; Réquier, 240; Bonnet, 240; Caen, 19 juin 1844; Bordeaux, 22 août 1849, 14 juin 1881, 20 janvier 2888; Cass., 18 avril 1864; Montpellier, 5 juin 1872; Mont-de-Marsan, 21 avril 1887; Toulouse, 31 décembre 1883, 18 décembre 1889; Rép. Defrénois, 832, 2244, 4339, 4699, 5713.

d'établissement à quelques-uns des enfants (1). Par établissement, on entend, indépendamment du mariage, l'achat d'une charge, l'exercice d'une industrie ou autre situation analogue. On considère que le partage anticipé n'est pas fait pour l'établissement des enfants quand il a lieu avec réserve d'usufruit (2).

120. Nullité. — Le partage anticipé, fait conjointement par une femme dotale et son mari en une seule masse, est annulable pour le tout si les biens dotaux ont été lotis entre les enfants dans des proportions inégales (3). Mais la donation par le mari demeure

Il leur semble d'ailleurs que le partage anticipé faisant l'objet des présentes aura, en réalité, pour effet de procurer à chacun de leurs enfants un établissement agricole susceptible de rentrer dans le cas prévu par l'art. 1558 C. civ.

En tout cas, ils ont le désir et même la volonté de comprendre dans le présent partage anticipé les biens dotaux que, autant que possible, ils répartiront également entre leurs enfants, de manière que l'égalité des lots ne puisse être rompue dans le cas, très improbable, où la disposition relative aux immeubles dotaux serait critiquée avec succès.

Au surplus, Mme MAILLARD se propose de consolider la disposition relative à ses biens dotaux par un testament contenant le legs à ses enfants des biens dotaux compris dans leurs lots.

M^e....., notaire soussigné, pour dégager sa responsabilité, a fait connaître aux comparants l'état de la jurisprudence sur le partage anticipé comprenant des biens dotaux; mais ils ont persisté dans leur résolution de les faire figurer au présent partage.

CECI EXPOSÉ, M. et Mme MAILLARD ont, par ces présentes, fait donation entre vifs à titre de partage anticipé, dans les termes des articles 1075 et suivants du Code civil,

A : 1° M. MAILLARD (Jacques-Louis), carrossier, demeurant à.....;

2° Mme MAILLARD (Anne-Clara), épouse assistée et pour ces présentes autorisée de M. Jean-Charles VINCENT, cultivateur, avec lequel elle demeure à.....;

3° Mlle MAILLARD (Eugénie-Louise), mineure, étant née à....., le....., domiciliée chez M. et Mme MAILLARD comparants, ses père et mère;

4° Et M. MAILLARD (Octave-Marius), mineur, étant né à....., le....., domicilié aussi avec ses père et mère,

> Leurs quatre enfants et présomptifs héritiers, chacun pour un quart, ce accepté expressément par M. MAILLARD (Jacques-Louis) et Mme VINCENT avec l'autorisation de son mari, tous à ce présents,
>
> Et pour les deux mineurs MAILLARD, par M. MAILLARD père en ce qui concerne la donation faite par Mme MAILLARD, sa femme; et par Mme MAILLARD mère, en ce qui concerne la donation faite par M. MAILLARD, son mari,

De leurs biens immeubles, dont la désignation suit :

DÉSIGNATION.

I. Immeubles propres à M. MAILLARD.

ART. 1. Une maison située, etc.
ART. 2. Une pièce de terre en labour, située, etc.
ART. 3. Une autre de même nature, située, etc.
ART. 4. Une prairie, située, etc.

II. Immeubles propres et dotaux à Mme MAILLARD.

ART. 5. Un verger, situé, etc.
ART. 6. Une vigne, située, etc.
ART. 7. Une pièce de terre en labour, située, etc.
ART. 8. Une autre de même nature, située, etc.

III. Immeubles de la société d'acquêts.

ART. 9. Une prairie, située, etc.
ART. 10. Un terrain en pature, situé, etc.

---

(1) Genty, p. 135; Réquier, 132; Bonnet, 238; Aubry et Rau, § 731-3; Demolombe, XXIII, 73; Laurent, XV, 42; Agen, 10 juil. 1850, 16 février 1857; Nîmes, 18 mars 1860; Rouen, 14 mars 1864; Cass., 15 avril 1864; Agen, 11 juin 1869; Montpellier, 5 juin 1872.

(2) Caen, 11 juin 1869, 14 juin 1881; Rép. Defrénois, 822.
(3) Demolombe, XXIII, 73; Caen, 14 juillet 1881; Toulouse, 31 décembre 1883; Rép. Defrénois, 832, 2444.

valable et doit être maintenue si la répartition des biens dotaux a été faite également entre tous les enfants (1); il est donc toujours utile de répartir, si cela est possible, les biens dotaux également entre les enfants.

121. Confirmation par testament. — Le vice de dotalité n'engendrant qu'une nullité relative, disparaît par la confirmation du partage anticipé entre vifs, faite par la femme ou ses héritiers après la dissolution du mariage, *infra* n° 214. Cette confirmation est valablement faite pendant le mariage par un testament (2) [FORM. 18].

Art. 11. Une pièce de terre en labour, située, etc.
Art. 12. Une autre de même nature, située, etc.
Art. 13. Une vigne, située, etc.

ORIGINE DE PROPRIÉTÉ.

(Etablir l'origine des immeubles donnés.)

ATTRIBUTIONS.

Pour remplir chacun des donataires de son quart dans les biens donnés, M. et Mme MAILLARD, donateurs, leur attribuent à titre de partage anticipé, savoir :
I. A M. MAILLARD (Jacques-Louis) :
Les immeubles compris à la masse sous les articles premier, sept, douze et treize.
II. A Mme VINCENT :
Les immeubles composant les articles trois, cinq et neuf de la masse.
III. A la mineure MAILLARD (Eugénie-Louise) :
Les immeubles figurés à la masse sous les articles deux, huit et dix.
IV. Et au mineur MAILLARD (Octave-Marius) :
Les immeubles faisant l'objet des articles quatre, six et onze de la masse.

ACCEPTATION.

Les attributions qui précèdent sont acceptées par M. MAILLARD (Jacques-Louis) et Mme VINCENT autorisée de son mari pour ce qui les concerne, et à l'égard des deux mineurs MAILLARD, par M. et Mme MAILLARD, père et mère.

CHARGES ET CONDITIONS.

(Voir la formule précédente.)
Toutefois insérer la clause suivante : M. et Mme MAILLARD, donateurs, imposent formellement aux donataires la condition de ne pas attaquer le présent partage anticipé. Si cependant il venait à être attaqué pour quelque cause que ce soit par un ou plusieurs des donataires, spécialement en ce qu'il comprend les immeubles dotaux de Mme MAILLARD, M. et Mme MAILLARD, donateurs, déclarent priver de toute part, etc. *(Pour le surplus de la clause, voir la formule précédente page* 47.)

ENREGISTREMENT. — 1.50 p. 100 y compris transcription.

FORMULE 18. — **Testament de la femme dotale pour le cas où le partage anticipé de ses biens serait annulé** (N° 121).

Je soussignée SELIN (Charlotte-Augustine), épouse de MAILLARD (Joseph-Antoine), avec lequel je demeure à....,
Ai fait mon testament ainsi qu'il suit :
Par acte passé devant M^e....., notaire à....., ce jourd'hui, mon mari et moi avons fait le partage anticipé de nos biens entre nos quatre enfants et seuls présomptifs héritiers : 1° MAILLARD (Jacques-Louis), carrossier, demeurant à.....; 2° MAILLARD (Anne-Clara), épouse de Jean-Charles VINCENT, cultivateur, avec lequel elle demeure à.....; 3° la mineure MAILLARD (Eugénie-Louise), et le mineur MAILLARD (Octave-Marius).
Mes immeubles propres et dotaux ont été compris dans ce partage anticipé, par conséquent donnés à nos enfants, quoique notre contrat de mariage, contenant adoption du régime dotal, passé devant M^e....., notaire à....., n'en contienne pas la faculté. Mon mari et moi nous avons

---

(1) Genty, p. 230; Demolombe, XXIII, 126. CONTRA : Cass., 5 janvier 1846.

(2) Caen, 20 janvier 1888; Rép. Defrénois, 4339,

122. Epoux mariés en secondes noces. — Les époux mariés en secondes noces et ayant tous les deux des enfants de leur premier mariage, peuvent faire, en leur faveur, le partage anticipé de leurs biens en les répartissant entre eux selon leurs droits [Form. 19]. Mais s'il comprend des biens de leur communauté, le partage est subordonné à

considéré qu'il était d'un grand intérêt pour nos enfants et d'une nécessité que nous avons appréciée, de fixer de notre vivant, par un partage anticipé, les droits de nos enfants aux biens qui nous appartiennent et auraient dépendu de nos successions.

Afin que ce partage anticipé conserve tous ses effets à l'égard de mes immeubles dotaux qu'il comprend et ayant la volonté de réparer le vice dont il peut être affecté pour cette cause, je déclare, pour le cas où je prédécéderais mon mari comme pour le cas où lui ayant survécu je ne l'aurais pas ratifié de mon vivant, confirmer, approuver et ratifier par le présent acte testamentaire, le partage anticipé entre vifs ci-dessus énoncé. Voulant qu'il reçoive sa pleine et entière exécution selon sa forme et teneur de même que si j'avais eu la capacité de disposer librement de mes immeubles dotaux.

Et, en tant que de besoin, je lègue à titre de partage testamentaire, à chacun de mes quatre enfants, les immeubles dotaux qui, par le partage anticipé sus énoncé, ont été compris dans son attribution respective, savoir :

1º A Maillard (Jacques-Louis), une pièce de terre en labour, située, etc. *(désigner)*;

2º A Mme Vincent, un verger, situé, etc. *(désigner)*;

3º A Maillard (Eugénie-Louise), une pièce de terre en labour, située, etc. *(désigner)*;

4º Et à Maillard (Octave-Marius), une vigne, située, etc. *(désigner)*.

Si l'un ou plusieurs de mes enfants, entre lesquels je fais le présent partage, etc. *(Voir pour le surplus la formule 28 ci-après. Ne pas omettre d'insérer la clause pénale.)*

Enregistrement. — Dans les trois mois du décès. Droit fixe 7.50.

FORMULE 19. — Partage anticipé par père et mère tous deux mariés en secondes noces, entre enfants de leurs premiers mariages et enfants communs (Nos 122, 123).

Par devant Me.....,
> Ont comparu :

M. Lucas (Louis-Adolphe), propriétaire, et Mme Simon (Virginie-Angèle), son épouse, de lui autorisée, demeurant ensemble à....., *D'une part;*

Et 1º M. Lucas (Siméon-Honoré), marchand de charbon, demeurant à.....;

2º Mme Bonlouy (Aglaée-Fesny), épouse assistée et pour ces présentes autorisée de M. Charles-Denis Périn, cultivateur, avec lequel elle demeure à.....;

3º M. Bonlouy (Auguste), épicier, demeurant à.....;

4º M. Lucas (Jules-Léon), cultivateur, demeurant à.....;

5º Et Mlle Lucas (Louise-Eléonore), majeure, célibataire, sans profession demeurant à.....; *Tous d'autre part;*

Lesquels ont dit ce qui suit :

M. Lucas (Louis-Adolphe) était marié en premières noces avec Mme Charlotte Seiglet. Un enfant est né de cette union, M. Lucas (Siméon-Honoré).

Mme Lucas, née Simon, était mariée en premières noces avec M. Athanase Bonlouy, deux enfants sont nés de cette union, Mme Périn et M. Bonlouy (Auguste).

M. et Mme Lucas-Simon, tous deux veufs en premières noces, se sont mariés à la mairie de....., le..... Deux enfants sont nés de leur second mariage, M. Lucas (Jules-Léon) et Mlle Lucas.

Préalablement à leur mariage, ils en ont arrêté les clauses et conditions civiles, suivant contrat passé devant Me....., notaire à....., le....., contenant adoption du régime de la communauté réduite aux acquêts.

M. et Mme Lucas-Simon ont proposé aux enfants issus de leurs premiers mariages, ainsi qu'à leurs enfants communs, de faire entre eux le partage anticipé de leurs biens immeubles. Ceux-ci ayant adhéré à cette proposition, il y est procédé de la manière suivante :

PARTAGE ANTICIPÉ.

M. et Mme Lucas-Simon ont, par ces présentes, fait donation entre vifs, à titre de partage anticipé, conformément aux articles 1075 et suivants du Code civil, en s'obligeant solidairement à la garantie de la donation, savoir :

l'acceptation de la femme ou de ses héritiers et, en cas de renonciation, il serait exposé à ne pas produire d'effet (1).

123. Enfants d'un conjoint. — On n'assimilerait pas à un partage d'ascendant la donation qu'un époux ferait aux enfants d'un premier lit de son conjoint (2).

1ᵉⁿᵗ M. Lucas (Louis-Adolphe)
A : 1º M. Lucas (Siméon-Honoré), issu de son premier mariage avec Mᵐᵉ Charlotte Seiglet ;
2º M. Lucas (Jules-Léon) ;
3º Et Mˡˡᵉ Lucas (Louise-Eléonore) ;
 Ces deux derniers issus de son second mariage avec Mᵐᵉ Simon (Virginie-Angèle).
 Ses trois enfants et seuls présomptifs héritiers chacun pour un tiers, qui acceptent expressément.
2ᵉⁿᵗ Et Mᵐᵉ Lucas, née Simon,
A : 1º Mᵐᵉ Périn ;
2º M. Bonlouy (Auguste) ;
 Issus de son premier mariage avec M. Athanase Bonlouy ;
3º M. Lucas (Jules-Léon) ;
4º Mˡˡᵉ Lucas ;
 Ces deux derniers issus de son second mariage avec M. Lucas.
 Ses quatre enfants et présomptifs héritiers chacun pour un quart, qui acceptent expressément, Mᵐᵉ Périn avec l'autorisation de son mari.
De leurs biens immeubles, dont la désignation suit :

I. *Propres de M. Lucas.*

1º.....; 2º.....; 3º....., etc.

II. *Propres de Mᵐᵉ Lucas.*

4º.....; 5º.....; 6º....., etc.

III. *Immeubles acquêts.*

7º.....; 8º.....; 9º....., etc.

ORIGINE DE PROPRIÉTÉ.

. . . .

DIVISION.

La division des immeubles donnés a lieu dans la proportion des droits des présomptifs héritiers de M. et de Mᵐᵉ Lucas qui sont : en ce qui concerne M. Lucas, pour ses biens propres et sa moitié dans les immeubles acquêts : M. Lucas (Siméon-Honoré), M. Lucas (Jules-Léon) et Mˡˡᵉ Lucas, chacun pour un tiers ; — Et en ce qui concerne Mᵐᵉ Lucas, pour ses propres et sa moitié dans les immeubles acquêts : Mᵐᵉ Périn, M. Bonlouy, M. Lucas (Jules-Léon) et Mˡˡᵉ Lucas, chacun pour un quart.
Il y est procédé ainsi qu'il suit :

I. M. Lucas *(Louis-Adolphe).*

Pour le remplir de ses droits, étant de un tiers dans la donation de M. Lucas, M. et Mᵐᵉ Lucas, donateurs, avec l'assentiment des autres donataires, lui attribuent à titre de partage anticipé, solidairement entre eux :
1º.....; 2º.....; 3º....., etc. *(Sur les biens propres à M. Lucas et sur biens de communauté.)*

II. Mᵐᵉ Périn.

Pour la remplir de ses droits, étant de un quart dans la donation de Mᵐᵉ Lucas, M. et Mᵐᵉ Lucas, donateurs, avec l'assentiment des autres donataires, lui attribuent à titre de partage anticipé, solidairement entre eux.
1º.....; 2º....., etc. *(Sur les biens propres à Mᵐᵉ Lucas et sur biens de communauté.)*

III. M. Bonlouy *(Auguste).*

Pour le remplir, etc. *(De même qu'à l'égard de Mᵐᵉ Périn.)*

IV. M. Lucas *(Jules-Léon).*

Pour le remplir de ses droits réunis, étant de un tiers dans la donation de M. Lucas et de un

---

(1) Demolombe, XXIII, 84, 85 ; Genty, p. 163 ; Bonnet, 274. Voir cep. Réquier. 136 ; Aubry et Rau, § 731-10.

(2) Nancy, 11 juin 1887 ; Rép. Defrénois, 4723.

124. Somme d'argent. — Le partage anticipé peut comprendre des sommes d'argent, remises de suite ou à payer par le donateur à des termes fixés ou à la volonté du donateur ou même à son décès (1) [Form. 20]. Mais, selon la régie, le droit réduit n'est pas applicable aux sommes payables à la volonté du donateur ou à son décès (2).

125. Non rapportable. — Le partage d'ascendant, en raison de ce qu'il est un règlement anticipé de l'hérédité, ne doit pas avoir lieu à la charge de rapport. Si une telle charge était stipulée, il constituerait une simple donation ne bénéficiant pas du droit réduit. Il est de règle, d'ailleurs, que les biens compris dans le partage d'ascendant sont de plein droit dispensés du rapport entre enfants (3); même ceux à raison desquels, par l'acte même de partage anticipé, l'un ou plusieurs des enfants ont été avantagés en sus de leurs parts (4).

126. Imputation. — Mais il est permis de stipuler, en cas de partage anticipé de certains biens ou d'une somme d'argent, que la donation sera imputable sur la succession du premier mourant et subsidiairement, s'il y a lieu, sur celle du survivant. Dans ce

---

quart dans la donation de Mme Lucas, M. et Mme Lucas, donateurs, avec l'assentiment des autres donataires, lui attribuent à titre de partage anticipé, solidairement entre eux :

1°.....; 2°.....; etc. *(Biens de n'importe quelle origine.)*

V. Mlle Lucas.

Pour la remplir de ses droits réunis, etc. *(Comme en ce qui concerne M. Lucas (Jules-Léon).*

ACCEPTATION.

Chacun des donataires accepte, etc. *(Le surplus comme en la formule 16.)*

Enregistrement. — 1.50 p. 100 y compris transcription.

FORMULE 20. — **Partage anticipé.** — **Somme d'argent.** — **Imputation sur la succession du premier mourant** (N°s 124 à 126).

Par devant M^e.....,

Ont comparu :

M. Michel (Alexis), ancien notaire, et Mme Accard (Thérèse-Julie), son épouse de lui autorisée, demeurant ensemble à.....,

Lesquels ont, par ces présentes, fait donation entre vifs à titre de partage anticipé, conformément aux articles 1075 et suivants du Code civil, par imputation sur la succession du premier mourant des donateurs qui sera censé avoir fait seul la présente donation et dont la succession devra récompense à la communauté de la somme donnée,

A : 1° Mme Michel (Céline-Charlotte), épouse assistée et pour ces présentes autorisée de M. Jean-Auguste Delaitre, avoué, avec lequel elle demeure à.....;

2° Et M. Michel (Ernest-Jules), étudiant en droit, demeurant à.....;

A ce présents et acceptant expressément, Mme Delaitre avec l'autorisation de son mari,

D'une somme de quatre-vingt mille francs en numéraire, que M. et Mme Michel, donateurs, ont versée à l'instant à la vue du notaire soussigné, à Mme Delaitre et M. Michel (Ernest-Jules) chacun pour une moitié, soit quarante mille francs.

Par suite, chacun de Mme Delaitre et de M. Michel (Ernest-Jules) se reconnaît saisi de ladite somme de quarante mille francs.

Ils en ont la pleine propriété et la jouissance à compter de ce jour.

Cette donation-partage est faite à titre purement gratuit.

Les frais et honoraires des présentes seront supportés par les donataires chacun pour moitié.

Dont acte. Fait et passé, etc.

Enregistrement. — Droit proportionnel 1 p. 100.

---

(1) Demolombe, XXIII, 60 bis. Contra : Laurent, XV, 41.
(2) Cass., 5 avril 1852, 10 décembre 1855.
(3) Demolombe, XVI, 248 et XXIII, 71; Aubry et Rau, § 728-11; Duranton, IX, 650; Genty, p. 20; Troplong, 2316; Demante, IV, 217 bis-1; Limoges, 24 décembre 1835; Caen, 2 décembre 1847.
(4) Demolombe, XXIII, 143; Aubry et Rau, § 728-11.

cas, le premier mourant est considéré comme seul donateur et doit récompense à son conjoint ou à la communauté selon les règles de droit commun [Form. 20].

127. Biens au décès. — Les biens non compris dans le partage d'ascendant sont partagés conformément à la loi (C. civ., 1077), c'est-à-dire font l'objet d'un supplément à l'acte de partage, auquel il n'y a pas lieu d'effectuer le rapport des biens entrés dans le partage d'ascendant, puisqu'ils sont de plein droit dispensés du rapport, *supra* nº 125 [Form. 21].

128. Rapport fictif. — Les biens compris dans le partage d'ascendant étant transmis à titre de donation, doivent au décès de l'ascendant donateur entrer, à titre de rapport fictif, dans la masse, pour le calcul de la quotité disponible et de la réserve, relativement aux dispositions que l'ascendant a pu faire depuis le partage anticipé sur les biens qu'il laisse à son décès (1). La difficulté est évitée quand l'acte de partage contient une stipulation sur le rapport fictif ou le non rapport, *supra* nº 116.

FORMULE 21. — **Partage après le décès du prémourant, de biens non compris dans le partage anticipé.** — **Cas de la formule 16** (Nᵒˢ 127 et 128).

Par devant Mᵉ.....,

    Ont comparu :

1º Mᵐᵉ Belet (Geneviève-Rosalie), sans profession, veuve de M. Lecain (Vaast-Antoine), demeurant à.....,   *D'une part;*

2º M. Lecain (Jules-Léon), propriétaire-cultivateur, demeurant à.....;

3º Mᵐᵉ Lecain (Rose-Aline), épouse assistée et pour ces présentes autorisée de M. Claude Tabaret, vigneron, avec lequel elle demeure à.....;

4º M. Lambert (Jean-Jacques), menuisier, demeurant à.....;

5º Et Mˡˡᵉ Lambert (Pauline-Elise), majeure, sans profession, demeurant à.....;

    M. Lecain (Jules-Léon) et Mᵐᵉ Tabaret, héritiers chacun pour un tiers, de M. Lecain (Vaast-Antoine), leur père, décédé à....., le.....,

    M. et Mˡˡᵉ Lambert, héritiers conjointement pour le dernier tiers, soit chacun pour un sixième, de M. Lecain, leur aïeul, par représentation de Mᵐᵉ Laure-Virginie Lecain, leur mère décédée, épouse de M. Louis-Auguste Lambert et fille de M. Lecain *de cujus,*
        Tous d'autre part;

Lesquels, préalablement au partage faisant l'objet des présentes, ont exposé ce qui suit :

M. Lecain (Vaast-Antoine) et Mᵐᵉ Belet (Geneviève-Rosalie), aujourd'hui sa veuve, se sont mariés à la mairie de....., le.....

Préalablement à leur mariage, ils en ont arrêté les clauses et conditions civiles, suivant contrat passé devant Mᵉ....., notaire à...., le....., contenant adoption du régime de la communauté réduite aux acquêts.

Aux termes d'un acte reçu par Mᵉ....., notaire soussigné, en présence de témoins, le....., M. et Mᵐᵉ Lecain, père et mère, ont fait le partage anticipé, entre leurs enfants et petits-enfants comparants, de leurs biens immeubles propres et acquêts, avec condition imposée par chacun d'eux, de leur laisser ainsi qu'au survivant l'usufruit de la totalité des immeubles donnés.

M. et Mᵐᵉ Lecain, donateurs, ont confondu dans les biens donnés les reprises qu'ils pouvaient avoir à exercer contre la communauté, ainsi que les récompenses qu'ils pouvaient lui devoir, de manière que les biens communs existant au décès du prémourant fussent partagés dans la proportion de moitié entre le survivant et les héritiers du prédécédé, et il a été stipulé qu'aucun rapport fictif ne serait fait à la masse des biens existant au décès, pour raison des biens compris dans le partage d'ascendant.

Il s'agit aujourd'hui de faire ce partage, auquel il est procédé de la manière suivante :

MASSE DES BIENS.

(Formule ordinaire d'un partage de communauté.)

---

(1) Demante, V, 245 bis-2; Réquier, 87; Bonnet, 234; Aubry et Rau, § 733-16; Demolombe, XIX, 321; Laurent, XV, 155; Caen, 23 mars 1847, 10 mai 1853; Lyon, 23 juin 1849; Douai, 21 mai 1851, 26 janvier 1861; Paris, 12 janvier 1854, 15 mars 1873; Bourges, 21 février 1854; Bordeaux, 6 avril et 7 août 1854; Grenoble, 4 juillet 1854; Colmar, 21 février 1855; Rennes, 20 décembre 1860; Montpellier, 19 novembre 1868; Cass., 13 décembre 1843, 13 février 1860, 24 avril 1861, 17 août 1863, 14 mars 1866, 30 mars 1874. Contra : Troplong, 964 et suiv.; Massé et Vergé, § 455-3; Cass., 4 février 1845; Angers, 25 avril 1846; Bordeaux, 12 août 1851; Rouen, 25 avril 1853.

129. Biens du mari seul. — Si un ascendant a fait une donation de biens à venir à son conjoint par leur contrat de mariage, il ne lui est pas permis de faire entre vifs le partage anticipé de ses biens à son préjudice; il faut pour sa validité que la donation soit faite par les deux époux avec obligation solidaire de garantie, *supra* n° 102.

130. Renonciation à hypothèque légale. — La femme peut intervenir au partage anticipé que le mari fait de ses biens propres afin de renoncer à son hypothèque légale sur les biens donnés, soit tacitement en s'obligeant solidairement avec son mari à la garantie de la donation (1) [Form. 22], soit expressément en déclarant y renoncer dans les termes de la loi du 13 février 1889 (2).

FORMULE 22. — **Partage anticipé de biens du mari entre enfants d'un premier lit; concours de la femme pour renoncer à son hypothèque légale** (N°s 129, 130).

Par devant M^e....,

  Ont comparu :

M. Copain (Auguste-Jérôme), propriétaire, et Mme Labbé (Flore-Eugénie), son épouse, de lui autorisée, demeurant ensemble à..... M. Copain, veuf en première noces de Mme Jeanne-Hélène Lebel,

  Mariés sous le régime de la communauté réduite aux acquêts, aux termes de leur contrat de mariage passé devant M^e....., notaire à....., le.....,

Lesquels ont dit que M. Copain voulant faire le partage anticipé de ses biens immeubles personnels entre les enfants issus de son premier mariage, Mme Copain a consenti à y intervenir, afin que son concours entraîne l'extinction de son hypothèque légale sur les biens donnés.

En conséquence, M. Copain fait donation entre vifs à titre de partage anticipé, conformément aux articles 1075 et suivants du Code civil, et Mme Copain déclare concourir à cette donation en s'obligeant solidairement avec son mari à la garantie envers les donataires, afin que son hypothèque légale sur les biens donnés se trouve éteinte, en conformité de la loi du 13 février 1889,

A : 1° M. Copain (Charles), vigneron, demeurant à.....;

2° Mlle Copain (Hortense), majeure, sans profession, demeurant à.....;

  Ses deux enfants issus de son premier mariage avec Mme Jeanne-Hélène Lebel, et ses seuls présomptifs héritiers chacun pour moitié, à ce présents et acceptant expressément.

Des biens immeubles personnels à M. Copain, donateur, dont la désignation suit :

(Pour le surplus, voir formules 1 et 2.)

FORMULE 23. — **Partage anticipé par le survivant des père et mère. — Réunion des biens du conjoint prédécédé. — Rapports** (N°s 131 à 134).

Par devant M^e.....,

  Ont comparu :

1° Mme Leloutre (Anne-Césarine), cultivatrice, demeurant à....., veuve de M. Jacques Dalet, en son vivant cultivateur, demeurant à....., où il est décédé le.....,

  Donataire de moitié en usufruit des biens meubles et immeubles dépendant de la succession de M. Dalet, son mari, aux termes de leur contrat de mariage reçu par M^e....., notaire à......, le....,

  Ou, si la veuve a renoncé : Etant fait observer que Mme Dalet n'a aucun droit de survie à exercer dans la succession de son mari, cette dame ayant renoncé à tous dons, legs et avantages de survie que son mari lui aurait faits, suivant déclaration passée au greffe du tribunal civil de....., le....., *ou :* suivant acte passé devant M^e....., notaire à......, le....., *D'une part;*

2° M. Dalet (Louis), cultivateur, demeurant à.....;

3° M. Dalet (Léon), marchand épicier, demeurant à.....;

4° M. Blot (Théodore), foulonnier, et Mme Dalet (Thérèse), son épouse, de lui autorisée, demeurant ensemble à......,

  MM. Dalet et Mme Blot, seuls enfants et présomptifs héritiers, chacun pour un tiers, de Mme veuve Dalet comparante.

---

(1) Autun, 10 février 1874; Rennes, 6 décembre 1888; Rép. Defrénois, 4751.   (2) Defrénois, *Comment. de cette loi*, n° 63.

SECTION III. — **Partage anticipé par le survivant des père et mère.**

131. Masses cumulées. — Le partage anticipé fait par l'époux survivant peut, s'il est entre vifs et que les enfants y consentent, comprendre en une masse cumulée ses biens et ceux de son conjoint prédécédé; mais à l'égard de ces derniers biens, l'opération constitue un partage entre les héritiers qu'ils ne peuvent consentir que s'ils sont tous majeurs et capables [Form. 23]. — S'il y a des mineurs ou autres incapables, il ne serait valable qu'autant que la division des biens serait séparée et faite avec l'accomplissement des formalités de justice (1). Il importe peu que les biens du conjoint pré-

---

Et, seuls héritiers, chacun pour un tiers, de M. Dalet (Jacques), leur père, ainsi que le constate l'intitulé de l'inventaire après son décès dressé par Me....., notaire à....., le....., *D'autre part;*

Lesquels, préalablement à la donation par Mme veuve Dalet de ses biens à ses enfants, et au partage entre ceux-ci tant des biens donnés que de ceux provenant de la succession de leur père, ainsi que des rapports à effectuer par quelques-uns d'eux, ont établi ainsi qu'il suit la masse des biens à y comprendre :

MASSE.

I. *Propres de* Mme *veuve* Dalet.

Art. 1. Une pièce de terre labourable, située, etc.
Art. 2. Une autre, plantée de vignes, située, etc.

II. *Immeubles de la communauté.*

Art. 3. Une maison, située, etc.
Art. 4. Un verger, situé, etc.
Art. 5. Une prairie, située, etc.

III. *Propres de feu* M. Dalet.

Art. 6. Un bois taillis, situé, etc.
Art. 7. Une pièce de terre labourable, située, etc.
Art. 8. Une autre en labour plantée, située, etc.

IV. *Rapport par* M. Dalet *(Louis).*

Art. 9. Un terrain en cour et verger, situé dans le village de....., etc.
Art. 10. Une pièce de terre labourable, située, etc.
Art. 11. Une somme de mille francs en numéraire.
Ces deux immeubles et les mille francs ont fait l'objet de la donation par avancement d'hoirie que M. et Mme Dalet, père et mère, ont faite à M. Dalet (Louis), aux termes de son contrat de mariage passé devant Me....., notaire à....., le.....

V. *Rapport par* Mme Blot.

Art. 12. La somme de cinq mille huit cents francs, montant de la valeur du trousseau et du numéraire, dont M. et Mme Dalet ont fait donation par avancement d'hoirie à Mme Blot, leur fille, aux termes de son contrat de mariage passé aussi devant Me....., notaire à....., le.....

ORIGINE DE PROPRIÉTÉ.

(Etablir l'origine de propriété.)
La masse ainsi établie, il est passé à la donation et au partage.

DONATION.

Mme veuve Dalet fait donation entre vifs, à titre de partage anticipé, conformément aux art. 1075 et suivants du Code civil,
A MM. Dalet et Mme Blot, ses trois enfants, qui acceptent expressément, Mme Blot avec l'autorisation de son mari :
1º Des immeubles propres à Mme Dalet compris sous les articles un et deux de la masse;

---

(1) Genty, p. 159; Demolombe, XXIII, 90; Laurent, XV, 52.

4

décédé consistent seulement en ses droits dans la communauté ayant existé entre eux (1).

132. Rapports. — On peut comprendre dans ce partage cumulatif les rapports que les enfants doivent à la succession du conjoint prédécédé, ainsi que ceux qu'ils auront à effectuer à la succession du conjoint survivant, *supra* n° 96.

133. Usufruit réservé après renonciation. — Rente viagère. — Quand le conjoint survivant est donataire en usufruit de son conjoint et qu'il renonce à cet usufruit par acte notarié, puis par acte du même jour ou d'une autre date contemporaine, fait le partage anticipé de ses biens entre ses enfants en leur imposant soit la condition de lui laisser pendant sa vie l'usufruit tant des biens donnés que de ceux dépendant de la succes-

---

2° De la moitié appartenant à Mme Dalet dans les immeubles de la communauté désignés sous les articles trois, quatre et cinq;

3° Et de l'usufruit auquel Mme Dalet a droit, comme donataire de son mari, de la moitié des immeubles de M. Dalet, comprenant ses immeubles propres désignés sous les articles six, sept et huit, et sa moitié dans les immeubles de la communauté faisant l'objet des articles quatre et cinq; quant à l'immeuble article trois, Mme Dalet en réserve l'usufruit.

(Si la veuve a renoncé à ses droits d'usufruit ou si elle en fait la réserve, le dernier paragraphe doit être supprimé.)

Cette donation est faite aux charges, clauses et conditions qui seront exprimées ci-après; et, en outre, à la condition que les donataires procéderont immédiatement, sous la médiation de la donatrice, au partage en trois lots, tant des biens donnés que de ceux provenant de la succession de M. Dalet, ainsi que des objets rapportés par M. Dalet (Louis) et Mme Blot.

Il est de suite procédé à ce partage.

PARTAGE.

Premier lot. — M. Dalet (Louis).

Pour remplir M. Dalet (Louis) de son tiers dans les biens compris en la masse, M. Dalet (Léon) et M. et Mme Blot lui abandonnent à titre de partage :

1° Les deux immeubles et les mille francs d'argent, faisant l'objet du rapport que M. Dalet (Louis) a effectué sous les articles neuf, dix et onze de la masse;

2° Et les immeubles compris sous les articles deux et six de la masse.

Deuxième lot. — M. Dalet (Léon).

Pour remplir M. Dalet (Léon) de son tiers dans les mêmes biens, M. Dalet (Louis) et M. et Mme Blot lui abandonnent à titre de partage :

1° Les immeubles faisant l'objet des articles trois, quatre et huit de la masse;

2° Et la somme de quinze cent soixante francs à toucher de Mme Blot, sur les cinq mille huit cents francs dont elle a effectué le rapport sous l'article douze de la masse.

Troisième lot. — Mme Blot.

Pour remplir Mme Blot de son tiers dans les mêmes biens, MM. Dalet lui abandonnent à titre de partage :

1° Les immeubles désignés sous les articles un, cinq et sept de la masse;

2° Et la somme de quatre mille trois cents francs sur les cinq mille huit cents francs dont Mme Blot a effectué le rapport sous l'article douze de la masse; de laquelle somme Mme Blot fait confusion sur elle-même.

ACCEPTATION.

Chacun des copartageants accepte les biens et objets compris dans son lot, et tous abandonnements nécessaires sont consentis.

CONDITION DE LA DONATION ET DU PARTAGE.

1° Mme veuve Dalet réserve l'usufruit à son profit et pendant sa vie, avec dispense de fournir caution, de la totalité de l'immeuble faisant l'objet de l'article trois de la masse, entré dans le lot de M. Dalet (Léon).

---

(1) Genty, p. 158; Réquier, 138; Bonnet, 248; Aubry et Rau, § 738-1; Demolombe, XXIII, 89; Laurent, XV, 52; Besançon, 16 janvier 1846; Caen, 15 juin 1863.

sion du prédécédé, soit de lui servir une pension viagère, la régie prétend que l'usufruit réservé, ou la pension viagère, est l'équivalent de l'usufruit auquel le survivant a renoncé, en forme le prix, et réclame le droit de transcription sur la renonciation à donation comme étant translative de l'usufruit, plus le droit de mutation par décès entre époux sur cet usufruit. Cette prétention ne nous semble pas fondée, car la fraude ne se présume pas et, d'un autre côté, la clause est une condition de la démission de biens et le survivant a le droit de préférer que son usufruit ait cette origine plutôt que celle résultant de la libéralité; c'est ce que les tribunaux décident plus généralement, alors surtout qu'ils constatent que la renonciation a un caractère sérieux (1). Il faut, en un tel cas, une grande prudence, afin d'éviter

(Si la donatrice réserve l'usufruit du tout :

1° Mme veuve Dalet impose aux donataires, qui s'y soumettent, la condition de la laisser jouir, à titre d'usufruitière, pendant sa vie, avec dispense de fournir caution, de la totalité, tant des immeubles par elle donnés que de ceux dépendant de la succession de son mari, le tout compris en la masse sous les articles un à huit inclusivement).

La donatrice ne pourra donner à bail l'objet (*ou* les objets) dont elle vient de réserver l'usufruit, pour une durée excédant l'époque du onze novembre qui suivra le jour de son décès.

2° Comme condition de la donation, les donataires, qui s'y obligent, seront tenus de servir et de payer à Mme veuve Dalet, donatrice, pendant sa vie, une pension annuelle et viagère composée de :

Deux cents francs en argent, payables chaque année en deux termes égaux, les premier janvier et premier juillet, pour faire le payement du premier semestre le premier janvier prochain;

Six hectolitres de blé froment, livrables chaque année en trois termes égaux, les premier octobre, premier février et premier juin, pour faire la première livraison le premier octobre prochain;

Dix hectolitres de pommes à cidre, livrables le onze novembre de chaque année, pour faire la première livraison le onze novembre prochain;

Et douze stères de bois de cotret, plus cent bourrées; le tout livrable le premier août de chaque année, pour faire la première livraison le premier août prochain.

M. Dalet (Louis) et Mme Blot contribueront chacun par moitié au payement des deux cents francs en argent, M. Dalet (Léon) ne devant y contribuer pour aucune somme, en raison de ce qu'il est obligé de souffrir l'usufruit de Mme Dalet sur l'immeuble article trois de la masse, entré dans son lot.

MM. Dalet et Mme Blot acquitteront les faisances chacun par tiers.

Il y aura solidarité entre M. et Mme Blot pour le payement de la part à la charge de Mme Blot, dans la pension viagère en argent et faisances.

Les payements et livraisons auront lieu en la demeure de Mme Dalet; cette dame pour les recevoir ne sera pas tenue de justifier de certificats d'existence.

A la sûreté et garantie du service de cette pension viagère, chacun des donataires hypothèque la totalité des immeubles compris dans son lot, sur lesquels il consent qu'il soit pris inscription.

En outre, Mme Dalet aura l'action en révocation de la donation.

3° Les copartageants ont la propriété des immeubles entrés dans leurs lots, savoir : à compter d'aujourd'hui pour ceux donnés par Mme Dalet; et du jour du décès de M. Dalet pour ceux provenant de sa succession. Ils en prendront la jouissance à compter d'aujourd'hui, à l'exception de l'immeuble article trois de la masse, attribué à M. Dalet (Léon) dont celui-ci n'aura la jouissance qu'au jour du décès de Mme Dalet, donatrice.

4° Ils acquitteront les impôts de toute nature des immeubles à eux attribués à partir d'aujourd'hui; toutefois Mme veuve Dalet reste tenue, pendant sa vie, des impôts de l'immeuble article trois, dont elle est usufruitière.

5° Ils ne pourront exercer de réclamations les uns envers les autres pour raison soit de mauvais état des bâtiments, soit de la différence en plus ou en moins entre la mesure réelle et celle sus-exprimée à chaque immeuble, quand même cette différence serait de plus d'un vingtième.

6° Ils supporteront les servitudes passives, apparentes ou occultes, continues ou discontinues

---

(1) Saumur, 9 avril 1859; Nancy, 17 février 1862; Senlis, 20 janvier 1863; Beaune, 25 août 1864; Abbeville, 23 mars 1875; Pontoise, 23 mars 1876; Seine, 8 février 1878; Mantes, 26 avril 1879; Melun, 29 février 1884; Rép. Defrénois, 2456. Voir cep. Fontainebleau, 30 janvier 1879; Dieppe, 24 mars 1881; Forcalquier, 24 novembre 1887; Montauban, 22 février 1889; Rép. Defrénois, 334, 727, 4684, 5723.

les effets de la jurisprudence contraire, par exemple, laisser un intervalle de temps assez long entre la renonciation à usufruit et le partage anticipé.

134. Résolution. — Lorsque, par le partage cumulatif fait à la charge d'une rente viagère, le survivant s'est réservé de reprendre le lot de celui des copartagés qui serait en retard de payer sa part, il est fondé, en cas de non payement, à reprendre le lot entier, et non pas seulement les biens provenus de lui (1).

135. Biens confondus. — Clause pénale. — Il faut, comme nous l'avons dit

---

pouvant grever les immeubles entrés dans leurs lots, sauf à s'en défendre et à profiter de celles actives s'il en existe, à leurs risques et périls.

7º Ils seront garants les uns envers les autres de tous troubles et évictions, conformément à la loi.

8º M. et Mᵐᵉ Blot s'obligent, solidairement entre eux, à payer à M. Dalet (Léon) les quinze cents francs qui lui ont été attribués sur le rapport de Mᵐᵉ Blot, dans les six mois du décès de Mᵐᵉ Dalet, donatrice, avec intérêt à cinq pour cent par an, à partir seulement du jour de ce décès.

Ce payement aura lieu, en bonnes espèces de numéraire, à....., en l'étude de Mᵉ....., notaire soussigné.

A la garantie de ce payement, M. et Mᵐᵉ Blot hypothèquent les immeubles entrés dans le lot de Mᵐᵉ Blot, sur lesquels ils consentent qu'il soit pris inscription.

9º Les parties déclarent s'être réglées amiablement entre elles, relativement aux biens meubles qui dépendaient de la communauté d'entre M. et Mᵐᵉ Dalet et aux reprises respectives des époux. Elles se reconnaissent quittes et renoncent à se faire des réclamations à ce sujet.

10º Les donataires feront transcrire une expédition des présentes au bureau des hypothèques de.....

11º Les copartageants ont fait entre eux la division des titres, etc.

12º Les frais et droits des présentes, etc.

Pour la perception du droit d'enregistrement, les immeubles donnés sont évalués à un revenu annuel, impôts compris, de.....; et ceux dépendant de la succession de M. Dalet, y compris les rapports, sont évalués en capital à.....

Pour l'exécution des présentes, etc.....

Dont acte. Fait et passé à....., en l'étude de Mᵉ....., notaire.

L'an mil huit cent......

En présence de..... (deux témoins) :

Après lecture tant des présentes que des articles 12 et 13 de la loi du 23 août 1871 concernant les dissimulations, les parties ont signé avec les témoins et le notaire.

La lecture des présentes par Mᵉ....., et la signature par les parties, ont eu lieu en présence des témoins instrumentaires.

Enregistrement. — Droit proportionnel à 1.50 p. 100 sur les biens donnés; droit gradué sur le capital des biens de la succession y compris les rapports; droit d'obligation à 1 p. 100 sur la partie du rapport payable à terme.

FORMULE 24. — **Partage anticipé par le père survivant; réunion des biens de la femme prédécédée. — Mineur. — Clause pénale** (Nº 135).

Par devant Mᵉ.....,

    A comparu :

M. Millet (Théodule-Aimé), propriétaire, demeurant à.....,

Lequel, pour arriver au partage anticipé faisant l'objet des présentes, a exposé ce qui suit :

Mᵐᵉ Heitar (Hélène-Augusta), sa femme, avec laquelle il était marié sous le régime de la communauté, aux termes de leur contrat de mariage reçu par Mᵉ....., notaire à....., le....., est décédée à....., le.....

De leur mariage sont issus trois enfants :

1º M. Millet (Alfred-Ernest), charron, demeurant à.....;

2º Mᵐᵉ Millet (Adélaïde-Joséphine), épouse de M. Philippe Achard, cultivateur, avec lequel elle demeure à.....;

---

(1) Bordeaux, 15 mai 1870.

supra n° 131, le consentement des enfants et qu'ils soient maîtres de leurs droits, pour que les biens du conjoint prédécédé soient partagés amiablement avec ceux donnés par le survivant. Cependant, même en présence de mineurs ou autres incapables, il peut sembler au survivant qu'il est utile, même nécessaire, dans un intérêt évident des enfants, de régler de son vivant leurs droits aux biens réunis de l'un et de l'autre, par exemple en raison de ce que les immeubles sont impartageables ou que les biens du prédécédé sont de peu d'importance. Dans cette circonstance, le survivant fera lui-même l'attribution ou la répartition des

3° Mlle MILLET (Octavie-Léontine), mineure, étant née à....., le.....;

 Seuls héritiers chacun pour un tiers de Mme MILLET leur mère, ainsi que le constate un acte de notoriété reçu par Me....., notaire à....., le.....,

 Et seuls présomptifs héritiers chacun pour un tiers de M. MILLET, comparant, leur père.

M. MILLET, comparant, voulant régler les droits de ses enfants relativement aux biens lui appartenant et à ceux dépendant de la succession de sa défunte épouse, afin d'éviter des contestations après son décès en raison notamment de la minorité de sa dernière fille qui pourrait donner lieu à des formalités de licitation et de partage en justice, à l'intention de faire entre eux le partage anticipé de ses biens en y réunissant ceux dépendant de la succession de sa femme, de manière à ne former qu'une seule masse du tout.

En faisant ce partage anticipé, M. MILLET a la conviction qu'il sert utilement les intérêts de ses enfants. Aussi imposera-t-il ci-après une clause pénale pour le cas où ce partage serait attaqué.

MASSE DES BIENS A Y COMPRENDRE.

Propres de M. MILLET.

ART. 1. Une maison, située, etc.
ART. 2. Une pâture, enclose de haies vives, située, etc.
ART. 3. Une pièce de terre en labour, située, etc.

Propres de Mme MILLET.

ART. 4. Une pièce de terre en labour, située, etc.

Immeubles acquêts.

ART. 5. Une pièce de terre en labour, située, etc.
ART. 6. Etc.

ORIGINE DE PROPRIÉTÉ.

. . . .

PARTAGE ANTICIPÉ.

Ces faits exposés, M. MILLET a, par ces présentes, fait donation entre vifs à titre de partage anticipé, conformément aux articles 1075 et suivants du Code civil,

A : 1° M. MILLET (Alfred-Ernest);

2° Mme ACHARD;

3° Et Mlle MILLET mineure;

 Ce qui est accepté expressément par M. MILLET (Alfred-Ernest) et Mme ACHARD, à ce présents, celle-ci avec l'autorisation de son mari, aussi présent;

 Et pour la mineure MILLET, par M. Barnabé HEITAR, rentier, demeurant à....., à se présent, son aïeul maternel, agissant en sa qualité d'ascendant;

De ses biens immeubles, consistant en :

1° Les biens à lui propres formant les articles premier, deux et trois de la masse;

2° Ses droits dans les immeubles acquêts, articles cinq, six..... de la masse.

Cette donation est faite à la condition expresse imposée par le donateur, qu'il va faire entre les donataires en une unique opération, par voie d'attribution, la division tant des biens donnés que de ceux dépendant de la succession de sa défunte épouse.

Il y est procédé ainsi qu'il suit :

DIVISION DES BIENS.

I. M. MILLET *(Alfred-Ernest).*

Pour le remplir de ses droits dans les biens compris en la masse, M. MILLET, donateur, lui attribue à titre de partage anticipé :

1°.....; 2°.....; 3°.....; etc.

biens, et il imposera une clause pénale à celui ou à ceux des enfants qui se refuseraient à l'exécution du partage [Form. 24]. Cette clause pénale a été souvent validée (1).

SECTION IV. — Partage anticipé entre héritiers collatéraux.

136. Ascendants ou collatéraux. — Une personne n'ayant pas de descendants, qui partagerait ses biens entre ses héritiers ascendants ou collatéraux [Form. 25], ne ferait pas un partage anticipé, en ce sens que l'acte ne produirait pas les effets d'un tel partage; il constituerait une simple donation entre ses héritiers, chacun pour les biens entrés dans son lot.

II. Mme ACHARD.

Pour la remplir, etc. *(Comme dessus.)*

III. Mlle MILLET.

Pour la remplir, etc. *(Comme dessus.)*

Chacun des donataires accepte le lot à lui attribué, Mme ACHARD avec l'autorisation de son mari, et M. HEITAR pour la mineure MILLET, sa petite-fille.

CONDITIONS DU PARTAGE.

(Voir pour le surplus les formules 1 et 23.)

Insérer notamment la clause suivante : M. MILLET, donateur, impose expressément aux donataires la condition de ne pas attaquer le présent partage anticipé; si cependant il venait à être attaqué ou si une action en partage était formée au mépris des présentes, par l'un ou plusieurs des donataires, même la mineure devenue majeure ou en son nom pendant sa minorité, pour quelque cause de nullité que ce soit, notamment en raison de ce que le présent partage anticipé comprend des biens dépendant de la succession de Mme MILLET, M. MILLET, donateur, déclare priver de toute part dans la quotité disponible celui ou ceux qui se refuseraient à son exécution, et, pour ce cas, il fait donation par préciput et hors part, de la quotité disponible dans sa succession, à celui ou à ceux des donataires contre lesquels la demande serait formée, ce qui est accepté par les donataires, M. HEITAR pour la mineure MILLET.

La présente clause pénale sera appliquée à Mlle MILLET, si, devenue majeure, elle ne ratifie pas le présent partage anticipé, dans les quinze jours de la sommation qui lui sera faite.

EVALUATION POUR L'ENREGISTREMENT.

Pour la perception des droits d'enregistrement et sans tirer à autre conséquence, les immeubles donnés sont évalués à un revenu annuel, impôts compris, de.....

Et les immeubles provenus de la succession de Mme MILLET sont évalués à une valeur en capital de.....

DONT ACTE. Fait et passé, etc. *(Voir la formule précédente.)*

ENREGISTREMENT. — *(Mêmes droits que pour la formule précédente.)*

FORMULE 25. — Partage anticipé entre héritiers collatéraux (N°s 136 à 139).

PAR DEVANT M^e.....,

A COMPARU :

M. DUVAL (Antoine-Désiré), célibataire, propriétaire, demeurant à.....,

Lequel, préalablement au partage anticipé qu'il va ci-après faire entre ses héritiers collatéraux, a exposé ce qui suit :

Les présomptifs héritiers de M. DUVAL comparant sont :

1° M. DUVAL (Octave-Denis), cultivateur, demeurant à...... son frère, pour un tiers;

2° M. BENOIT (Victor-Alfred), charron, demeurant à.....;

3° Mme BENOIT (Denise-Octavie), épouse de M. Théodore MARTIN, cultivateur, demeurant à......

Ses neveu et nièce, conjointement pour un tiers, soit chacun pour un sixième, par

---

(1) Lyon, 6 mars 1829; Cass., 1er février 1830, 1er mars 1831; Besançon, 16 janvier 1846; Agen, 1er juin 1858; Paris, 24 juin 1846; Rép. Defrénois; 3439. CONTRA : Caen. 9 juin 1874, 13 décembre 1880.

137. Actions des copartagés. — Par suite, lors même que le donateur aurait qualifié sa disposition de partage anticipé, il n'y aurait lieu entre les copartagés ni à l'action en nullité du partage pour omission de l'un des héritiers, *infra* n° 239, ni à l'action en rescision pour lésion de plus du quart, *infra* n° 223, ou pour inexactitude dans la répartition des biens de même nature, *supra* n° 48, ni à l'action en garantie pour éviction (1).

138. Effets du partage. — Toutefois, le donateur aurait la faculté, comme modalités de sa libéralité, de stipuler qu'il entend y attacher les effets d'un véritable partage anticipé, en déclarant expressément sa volonté; par exemple, que tous les héritiers qu'il laissera à son décès auront le droit d'en réclamer le bénéfice; ou que le partage sera sujet

---

représentation de Mme Duval (Victorine-Céline), leur mère, décédée, épouse de M. Benjamin Benoit et sœur de M. Duval comparant;

4° Et Mlle Duval (Florence-Charlotte), mineure, étant née à ....., le ....., ayant pour tutrice légale Mme Augustine Morel, veuve de M. Alexandre Duval, cultivatrice, avec laquelle elle est domiciliée à .....,

Sa nièce, pour le dernier tiers, par représentation de M. Alexandre Duval, son père, décédé, frère du comparant.

M. Duval comparant voulant se démettre de ses biens immeubles en faveur de ses présomptifs héritiers sus-nommés et en faire la répartition entre eux, en se basant sur leurs droits de présomptifs héritiers, en a établi la masse ainsi qu'il suit :

MASSE DES BIENS.

Art. 1. Une maison, située, etc.
Art. 2. Un verger, situé, etc.
Art. 3. Une pièce de terre labourable, située, etc.
Art. 4. Une autre, de même nature, située, etc.
Art. 5. Une autre, de même nature, située, etc.
Art. 6. Un terrain en pâture, situé, etc.
Art. 7. Une prairie, située, etc.
Art. 8. Un enclos planté de vignes, situé, etc.
Art. 9. Un bois taillis, situé, etc.

ORIGINE DE PROPRIÉTÉ.

(L'établir aussi exactement que possible.)

La masse ainsi établie, M. Duval comparant a fait, de la manière suivante, la donation et la répartition des biens qu'elle comprend.

DONATION ET PARTAGE.

M. Duval comparant voulant répartir entre ses présomptifs héritiers les biens immeubles ci-dessus désignés, conformément à leurs droits héréditaires, autant que cela lui sera possible,

A fait donation par préciput et hors part, en conséquence avec dispense de rapport à sa succession, savoir :

I. A M. Duval (Octave-Denis), son frère, à ce présent et acceptant, de :

1° La maison située à ....., avec toutes ses dépendances, formant l'art. premier de la masse;

2° Une pièce de terre en labour, commune de ....., lieudit ....., contenant ..... (art. trois de la masse);

3° Un enclos planté de vignes, situé ....., contenant ..... (art. huit de la masse);

A la charge de payer à la mineure Duval une somme de douze cents francs, dans l'année du décès du donateur, avec intérêt à cinq pour cent par an, à partir de son décès; ladite somme payable au domicile à cet effet élu à ....., en l'étude de M^e ..... notaire soussigné.

II. A M. Benoit, son neveu, à ce présent et acceptant, de :

1° Un verger, situé à ....., contenant ..... (art. deux de la masse);

2° La pièce de terre, située à ....., contenant ..... (art. quatre de la masse).

III. A Mme Martin, sa nièce, à ce présente et acceptant, avec l'autorisation de son mari aussi présent, de :

---

(1) Merlin, *Part. d'asc.,* n° 8; Duranton. IX, 617; Marcadé, 1075-1; Troplong, 2206; Demante, IV. 242 bis-1; Demolombe, XXII, 700; Aubry et Rau. § 728-4; Laurent, XV, 4 et 5; Ré-quier, 117; Bonnet, 127. Contra : Delvincourt, II, p. 48 note 5; Genty. p. 90 à 100. Voir Caen, 2 décembre 1847.

à l'action en rescision pour lésion; ou encore qu'ils seront obligés à la garantie des lots (1).

139. Privilège; hypothèque. — Le disposant ne pourrait pas, cependant, stipuler le privilège entre les copartagés pour la garantie du partage et les soultes ou retours de lots, ce privilège ne résultant que de la loi (2). Il faudrait pour qu'une garantie y fût attachée, que le donataire débiteur de la soulte conférât une hypothèque sur son lot en faveur du créancier de la soulte.

140. Donation; acte séparé. — Mais si le disposant faisait une libéralité à titre de partage anticipé de ses biens entre ses présomptifs héritiers, à la condition du partage,

---

1º Le terrain en pature, situé à....., contenant..... (art. six de la masse);

2º Et le bois situé à....., contenant...... (art. neuf de la masse).

IV. Et à la mineure Duval, ce accepté pour elle par Mme veuve Duval, sa mère, à ce présente, de :

1º La pièce de terre située....., contenant..... (art. cinq de la masse);

2º La prairie, située à....., contenant..... (art. sept de la masse);

3º Et la somme de douze cents francs, à toucher de M. Duval (Octave-Denis), à l'époque et de la manière ci-dessus exprimée.

JOUISSANCE.

Les donataires auront la nue propriété des immeubles à eux donnés, à partir de ce jour, et ils en prendront la jouissance au jour du décès de M. Duval, donateur, qui se réserve l'usufruit pendant sa vie de la totalité des biens donnés.

CHARGES ET CONDITIONS.

(Voir pour le surplus la formule 1.)

Ajouter la stipulation suivante : M. Duval (Octave-Denis) et Mme Hulot (Mélanie), son épouse, de lui autorisée à ce intervenant, domiciliée avec lui,

Mariés en premières noces sous le régime de la communauté, aux termes de leur contrat de mariage reçu par Me....., notaire à....., le.....,

Pour garantir à la mineure Duval, le payement des douze cents francs, dont M. Duval est chargé envers elle, avec tous intérêts, frais et autres accessoires, hypothèquent solidairement à son profit, ce qui est accepté par Mme veuve Duval, sa mère :

Les trois immeubles ci-dessus donnés à M. Duval.

Et, pour plus de sûreté, Mme Duval subroge la mineure Duval, par priorité et préférence à elle-même et à tous autres, dans l'effet de son hypothèque légale contre son mari, en ce qu'elle grève les trois immeubles hypothéqués et ce, jusqu'à concurrence du capital de douze cents francs, avec tous intérêts, frais et accessoires.

Il sera pris inscription de l'hypothèque conventionnelle et de l'hypothèque légale, au profit de la mineure Duval, au bureau des hypothèques de.....

Enregistrement. — Droit proportionnel à 6.50 p. 100, le partage anticipé entre collatéraux ne profitant pas de la réduction des droits. — La charge de payer 1,200 fr. est une dépendance de la donation et ne rend exigible aucun droit particulier.

FORMULE 26. — Donation par indivis à des collatéraux. — Partage entre eux (Nº 140).

Par devant Me.....,

A comparu :

M. Duval (Antoine-Désiré), célibataire, propriétaire, demeurant à.....,

Lequel, voulant de son vivant se démettre de ses biens immeubles, en faveur de ses présomptifs héritiers, a, par ces présentes, fait donation entre vifs, irrévocable, aux ci-après nommés, conjointement et indivisément entre eux, dans la proportion de leurs droits de présomptifs héritiers de M. Duval :

1º M. Duval (Octave-Denis), cultivateur, demeurant à....., son frère et son présomptif héritier pour un tiers, à ce présent et acceptant expressément;

2º M. Benoit (Victor-Alfred), charron, demeurant à.....;

---

(1) Troplong, 2296; Demante, IV, 242 bis-2; Demolombe, XXII, 701; Bonnet, 128. Contra : Laurent, XV, 6.

(2) Genty, p. 253; Demolombe, XXII, 702. Contra : Demante, IV, 252 bis-2.

et que ceux-ci, sans sa participation, fassent entre eux le partage [Form. 26], il constituerait un partage entre copropriétaires indivis, auquel seraient attachés la rescision pour cause de lésion et le privilège pour la garantie du partage ou les soultes et retours des lots.

SECTION V. — **Effets du partage anticipé entre vifs.**

141. Caractère. — Actions. — Le partage anticipé, quoiqu'il constitue, par rapport aux biens qu'il comprend, une espèce d'ouverture anticipée de l'hérédité, ne produit en réalité que les effets d'une donation procurant aux donataires le droit de faire exécuter

3o Mme Benoit (Denise-Octavie), épouse de M. Théodore Martin, cultivateur, avec lequel elle demeure à....,

Ses neveu et nièce, conjointement pour un second tiers, par représentation de Mme Duval (Victoire-Céline), leur mère, décédée, épouse de M. Benjamin Benoit et sœur de M. Duval, donateur,

A ce présents et acceptant expressément, Mme Martin avec l'autorisation de son mari;

4o Et Mlle Duval (Florence-Charlotte), majeure, célibataire, sans profession, demeurant à....,

Sa nièce et sa présomptive héritière, pour le dernier tiers, par représentation de M. Alexandre Duval, son père, décédé, frère du donateur,

A ce présente et acceptant expressément,

De ses biens inmeubles, dont la désignation suit :

Art. 1....; Art. 2....; Art. 3....; etc.

Les donataires auront la nue propriété des immeubles donnés, par indivis entre eux, à partir d'aujourd'hui, et ils en prendront la jouissance au jour du décès de M. Duval, donateur, qui s'en réserve l'usufruit pendant sa vie.

PARTAGE.

De suite, les donataires ont procédé, sans le concours ni la participation de M. Duval, donateur, au partage des biens immeubles indivis entre eux comme provenant de la donation qui précède, et ce, dans la proportion de leurs droits de présomptifs héritiers de M. Duval, donateur, ci-dessus exprimés.

I. M. Duval *(Octave-Denis).*

Pour le remplir de son tiers dans les biens donnés, ses copartageants lui attribuent à titre de partage, ce qu'il accepte :

1o....; 2o....; 3o....

II. M. Benoit.

Pour remplir M. Benoit de son sixième, etc.

III. Mme Martin.

Pour le remplir de son sixième, etc.

IV. Mlle Duval.

Pour la remplir de son tiers, etc.

ACCEPTATION.

Chacun des copartageants accepte le lot à lui attribué et tous abandonnements et dessaisissement de propriété sont respectivement consentis et acceptés.

CONDITIONS DU PARTAGE.

. *(Voir* supra *formule 1, pour le surplus.)*

Enregistrement. — Droit proportionnel à 6.50 p. 100; plus le droit gradué et le droit proportionnel de 4 p. 100 sur le montant des soultes, s'il en est stipulé.

FORMULE 27. — Approbation d'un partage anticipé entre vifs, par lequel les biens ont été inégalement répartis (Nos 141 à 152).

Par devant Me....,

Ont comparu :

1o M. Machet (Charles-Louis), cultivateur, demeurant à....;

les clauses et conditions stipulées relativement à la mise en possession des biens, le paye-ment des soultes, la garantie des lots; par suite, ils ne sont pas admis, du vivant des dona-teurs, à exercer les actions leur appartenant comme cohéritiers, telles que : les atteintes à la réserve légale, la rescision pour lésion (1).

142. Droit au décès. — Après le décès de l'ascendant donateur, le partage devient définitif, les enfants sont des héritiers copartagés et le droit d'exercer des actions en nullité, en réduction ou en rescision, se trouve ouvert, à la condition, toutefois, que la donation n'ait pas été annulée (2) [Form. 27].

143. Créanciers; légataires. — Les enfants, quoique copartagés, recueillent, comme donataires, au regard des tiers, de sorte que les biens, se trouvant en dehors de la succession, ne forment pas le gage des créanciers si les enfants acceptent bénéficiairement, de même qu'ils ne sauraient servir à l'exécution des legs que le défunt aurait faits (3).

144. Prescription. — Le partage d'ascendant, en raison de ce qu'il transmet les biens, permet aux enfants donataires d'invoquer la prescription, même celle de dix ou vingt ans (4).

145. Prédécès sans postérité. — Si l'un des enfants est décédé avant l'ascen-

---

2º M. Bertin (Auguste-Théodore), tonnelier, et Mme Machet (Claire-Eugénie), son épouse, de lui autorisée, demeurant ensemble à.....;

3º Et Mlle Machet (Augustine-Désirée), majeure, sans profession, demeurant à.....;

M. Machet, Mme Bertin et Mlle Machet, seuls enfants et héritiers, chacun pour un tiers, de M. Machet (Louis-Jérôme), en son vivant propriétaire, demeurant à....., veuf de Mme Jeanne-Augustine Bault, décédée en sa demeure le.....; ainsi que le constate un acte de notoriété reçu par Me....., notaire soussigné, le.....;

Lesquels, pour arriver à l'approbation et confirmation faisant l'objet des présentes, ont exposé ce qui suit :

Aux termes d'un acte reçu par Me...... notaire soussigné, en présence de témoins, le....., M. Machet (Louis-Jérôme) a fait le partage anticipé de ses biens immeubles entre ses trois enfants comparants, Mlle Machet alors encore mineure, ce qui a été accepté pour elle par M. Bault, son aïeul maternel,

M. Machet père a attribué aux trois enfants pour les remplir de leurs droits dans les biens donnés, savoir :

I. M. Machet (Charles-Louis) :

1º.....; 2º.....; 3º....., etc. *(Désignation sommaire.)*

II. A Mme Bertin :

1º.....; 2º.....; 3º....., etc.

III. A Mlle Machet :

1º.....; 2º.....; 3º....., etc.

M. Machet, en répartissant ses biens entre ses enfants, n'a pas composé leurs lots également de biens de même nature et valeur, ainsi que le prescrit l'article 832 du Code civil, de sorte que, de ce chef, le partage anticipé serait susceptible de critique.

Ces faits exposés, les comparants ayant connaissance du vice dont il vient d'être parlé et voulant le réparer ont, par ces présentes, déclaré qu'ils approuvent, confirment et ratifient le partage anticipé sus-énoncé.

Voulant qu'il reçoive sa pleine et entière exécution, selon sa forme et teneur, de même que si le partage avait été fait par eux après le décès de leur père.

Ils déclarent, de plus, que les lots sont d'une valeur égale.

Et que, à aucun point de vue, le partage anticipé fait par leur père ne saurait plus être critiqué.

Mention des présentes est consentie pour avoir lieu sur toutes pièces où besoin sera.

Dont acte. Fait et passé, etc.

Enregistrement. — Droit fixe 3 fr. (Loi 22 frim. an VII, art. 68, § 1, nº 38).

---

(1) Demolombe, XXIII, 122.
(2) Demolombe, XXIII, 139, 140.

(3) Demolombe, XXIII, 142.
(4) Genty, p. 269; Demolombe, XXIII, 136; Laurent, XV, 73.

dant sans laisser de postérité, il est considéré comme un donataire étranger et, sauf l'effet du retour légal (1), il a transmis à ses héritiers et successeurs, légitimes ou testamentaires, avec sa succession, les biens donnés qui s'y trouvaient compris, sans que les autres enfants puissent prétendre que son lot leur est accru (2).

146. Prédécès avec postérité. — Si l'enfant prédécédé a laissé de la postérité, ses descendants, qu'ils aient accepté sa succession ou y aient renoncé, sont vis-à-vis des enfants survivants comme s'ils étaient eux-mêmes donataires du lot attribué à leur auteur, et peuvent exercer les mêmes actions que lui (3).

147. Enfant renonçant. — Puisque les enfants sont des donataires, ils peuvent renoncer à la succession de l'ascendant donateur et, ainsi, conserver leurs lots. Si la renonciation est faite par l'un ou quelques-uns des enfants seulement, ils n'ont le droit de retenir les biens compris dans leurs lots, comme tout étranger, que jusqu'à concurrence de la quotité disponible (4).

148. Enfant indigne. — Ce que nous venons de dire de l'enfant renonçant est applicable à celui qui est exclu de la succession comme étant indigne de succéder (5).

149. Exercice des droits. — Les enfants prédécédés sans laisser de postérité et ceux renonçants ou indignes, n'étant que donataires, n'ont pas le droit d'exercer, de même que les autres enfants ne sauraient exercer contre eux, les actions en nullité ou en rescision fondées sur les articles 1078 et 1079, ni pour cause d'irrégularité dans la composition des lots (6).

150. Charges imposées. — Mais, si des charges leur ont été imposées ou si des soultes ont été stipulées, il y a lieu à leur exécution, soit de la part des enfants ne venant pas à la succession, soit de la part des autres enfants; de même que l'obligation de garantie des lots continue de subsister entre tous (7).

151. Enfants acceptants. — Les enfants qui viennent à la succession conservent le droit d'exercer, contre ceux qui n'y viennent pas, toutes actions en nullité ou en rescision de la donation (8).

152. Enfants tous prédécédés, renonçants ou indignes. — Si tous les enfants compris dans le partage d'ascendant sont prédécédés sans postérité, renonçants ou indignes, il ne reste qu'un ensemble de donations par avancement d'hoirie (9).

——∘◦○◯➤◯○◦∘——

DEUXIÈME PARTIE

DU PARTAGE D'ASCENDANT TESTAMENTAIRE

DIVISION

---

(1) Troplong, 2322; Demolombe, XXIII, 247; Aubry et Rau, § 730-7; Demante, IV, 246 bis-2; Montpellier, 7 février 1850; Bordeaux, 1er mai 1860.
(2) Demolombe, XXIII, 146; Toullier, V, 814; Troplong, 2318; Aubry et Rau, § 730-7, 16; Massé et Vergé, § 506-4; Demante, IV, 243 bis-4; Laurent, XV, 77; Angers, 14 juillet 1847; Montpellier, 7 février 1850; Douai, 11 mai 1851; Agen, 16 février 1857, 1er juin 1858.
(3) Genty, p. 228, 295; Duranton, IX, 611; Demante, IV, 246 bis-2; Aubry et Rau, § 730-7; Demolombe, XXIII, 147; Laurent, XV, 103.
(4) Genty, p. 285; Demolombe, XXIII, 148; Aubry et Rau, § 730-20; Laurent, XV, 91.
(5) Genty, p. 286; Demolombe, XXIII, 149; Aubry et Rau, § 730-20.
(6) Demolombe, XXIII, 150, 151.
(7) Genty, p. 287; Demolombe, XXIII, 152, 153.
(8) Demolombe, XXIII, 154.
(9) Demolombe, XXIII, 155; Genty, p. 288.

SOMMAIRE ALPHABÉTIQUE

SOMMAIRE DES FORMULES

SECTION I. — **Formes et modalités du partage testamentaire.**

153. Formes. — Le partage testamentaire [FORM. 28] doit être fait avec les formalités, conditions et règles prescrites pour les testaments (C. civ., 1076); en conséquence, il peut être public, olographe ou mystique (C. civ., 969), et il est révocable (C. civ., 1035).

154. Ascendant. — L'ascendant, indépendamment de ce qui est dit *supra* n°ˢ 10 à 21, doit avoir la capacité nécessaire pour tester dans la forme qu'il emploie.

FORMULE 28. — **Partage testamentaire** (N°ˢ 153 à 171).

PAR DEVANT Mᵉ.....,
    A COMPARU :
M. LAMARE (Louis-Elie), propriétaire, demeurant à.....,
Sain d'esprit, etc. *(Voir formule de testament.)*
Lequel a dicté à Mᵉ....., notaire soussigné, en présence des quatre témoins, son testament ainsi qu'il suit :

    Mes présomptifs héritiers chacun pour un tiers sont : 1º LAMARE (Louis), mon fils, cultivateur, demeurant à.....; 2º LAMARE (Léon), mon autre fils, tapissier, demeurant à.....; 3º et LAVILLE (Louise-Eugénie), ma petite-fille, mineure, demeurant à....., chez son père, par représentation de ma fille Charlotte LAMARE, sa mère, décédée épouse de M. Charles LAVILLE.

    Pour éviter après mon décès le partage judiciaire auquel pourrait donner lieu la minorité de ma petite-fille, et aussi pour éviter toutes contestations qui pourraient naître, je fais, ainsi qu'il suit, la division et le partage de mes biens entre mes présomptifs héritiers :

MASSE DE MES BIENS.

ART. 1. Une maison, située, etc.
ART. 2. Une pièce de terre labourable, située, etc.
ART. 3. Une autre plantée de vignes, située, etc.
ART. 4. Une autre en labour, située, etc.

155. Femme dotale. — La femme dotale peut faire un partage testamentaire, en y comprenant ses biens dotaux.

156. Partage conjoint. — Le partage testamentaire ne peut être fait conjointement par les père et mère, un testament ne pouvant être fait dans le même acte par deux ou plusieurs personnes (1) (C. civ., 968).

157. Enfants et descendants. — Le partage testamentaire doit, comme le partage entre vifs, être fait entre tous les enfants et descendants venant à la succession du testateur. Si l'un d'eux a prédécédé le testateur sans laisser de postérité, le legs en ce qui le concerne est caduc; s'il a laissé de la postérité, son lot est recueilli par ses descendants comme le remplaçant selon les règles de la représentation (2), ce qu'il est utile de stipuler dans le partage afin d'échapper à la controverse.

158. Donation éventuelle au conjoint. — Si l'ascendant testateur a fait une donation éventuelle à son conjoint par contrat de mariage, il ne peut faire le partage testamentaire de ses biens qu'à la condition de l'apportionner (3).

159. Collatéraux. — Si une personne n'ayant pas de descendants fait un partage testamentaire entre ses héritiers collatéraux, les dispositions ne constituent que de simples legs de biens déterminés, à moins qu'il ne manifeste expressément sa volonté de faire un partage, *supra* n° 138. Le privilège ne garantirait pas, de même qu'en matière entre vifs, *supra* n° 139, les soultes et retours de lots, mais l'hypothèque légale serait attachée aux charges en vertu de l'art. 1017 C. civ. (4).

160. Non successible. — Le partage testamentaire peut comprendre un non successible, par exemple un tiers auquel le testateur lègue une quotité de ses biens (5).

161. Capacité pour recevoir. — La capacité requise pour recevoir par partage testamentaire est celle prescrite pour recueillir une hérédité et non un legs (6); il s'ensuit que le condamné, qui n'a pas capacité pour être compris dans un partage entre vifs, *supra* n° 26, peut recevoir par un partage testamentaire, sans toutefois qu'aucun avantage puisse lui être fait en sus de sa part (7).

162. Biens. — Le partage testamentaire peut avoir pour objet non seulement les biens présents, mais aussi les biens à venir (8).

163. Biens de communauté. — Le partage testamentaire ne peut, d'une part,

---

Art. 5. Une autre en prairie, située, etc.
Art. 6. Une autre en labour, située, etc.
Art. 7. Une créance de trois mille francs, sur M....., etc.
Art. 8. Une rente de deux cents francs, trois pour cent, sur l'Etat français, inscrite en mon nom au grand-livre de la dette publique, n° 121341 de la série troisième.

ORIGINE DE PROPRIÉTÉ.

Les immeubles ci-dessus désignés m'appartiennent, etc.

PARTAGE.

Premier lot. — M. Lamare *(Louis).*

Pour remplir Lamare (Louis), mon fils, de son tiers dans les biens compris en la masse, je lui lègue à titre de partage :

---

(1) Duranton, IX, 622; Aubry et Rau, § 729-7; Bonnet, 402; Genty, p. 152; Demolombe, XXIII, 18; Laurent, XV, 22.
(2) Duranton, IX, 641; Marcadé, 1078-2; Troplong, 2320; Massé et Vergé, § 503-2; Aubry et Rau, § 730-19; Demante, IV, 243 bis-2 et 9; Genty, p. 209; Demolombe, XXIII, 110; Limoges, 29 février 1832. Contra : Laurent, XV, 104; Bordeaux, 2 mars 1832; Agen, 23 décembre 1847.
(3) Demolombe, XXIII, 78. Voir Aubry et Rau, § 731-13.
(4) Genty, p. 253; Demolombe, XXII, 702. Contra : Demante, IV, 252 bis-2.
(5) Genty, p. 100; Demolombe, XXII, 706.
(6) Demolombe, XXIII, 105. Contra : Laurent, XV, 51.
(7) Demolombe, XXIII, 30 bis; Aubry et Rau, § 729-2; Réquier, 49; Bonnet, 190 à 192.
(8) Demolombe, XXIII, 68.

être collectif, *supra* n° 156, et, d'autre part, comprendre des biens de la communauté, puisqu'il faut, pour cela, le concours des deux époux, *supra* n° 37; par suite, chacun des époux se trouve privé, pendant le mariage, du droit de disposer, par partage testamentaire, des biens communs. Pour obvier à cette privation, on avait imaginé soit de faire un partage provisoire des biens de la communauté entre les deux époux, afin qu'ils puissent ensuite, chacun séparément, faire un partage testamentaire en y comprenant ses biens personnels et ses droits dans ceux de la communauté; — soit en faisant, par l'un des époux, le partage provisoire dans un testament qui contenait ensuite attribution à ses enfants et à son conjoint de leurs droits dans les biens propres et ceux de la communauté; — soit en faisant, chacun séparément, la division entre leurs enfants de leurs biens propres et de leur moitié dans ceux de la communauté. Mais ces modes de procéder ont été repoussés par la jurisprudence (1). Un tel partage ne saurait être validé de manière à le rendre définitif, malgré leur volonté, par la ratification de l'autre conjoint ou de ses héritiers, après la dissolution de la communauté; le vice dont il est affecté ne pouvant être purgé que par le consentement de tous ayant capacité à cet effet (2).

164. Rapports. — L'ascendant a la faculté de comprendre, dans le partage testamentaire, les rapports à effectuer à sa succession par ses enfants. Ceux-ci ne peuvent contester ce rapport s'ils acceptent la succession, le partage fait par le défunt tenant lieu de celui qu'ils auraient eu à faire après son décès. Il est utile, en un tel cas, de comprendre les rapports dans les lots de ceux qui les doivent, car, s'ils renonçaient à la succession, comme ce serait en gardant leurs dons, l'attribution des rapports à d'autres nuirait à la validité du partage (3).

165. Lotissement. — Les règles sont les mêmes qu'en matière de partage anticipé entre vifs, et comme le partage est imposé, on doit faire entrer dans chaque lot, s'il se peut, des biens de même nature et valeur, *supra* n°s 45 et suiv.

1° Les immeubles compris sous les articles un et trois de la masse;
2° La créance de trois mille francs faisant l'objet de l'article sept.

Deuxième lot. — M. LAMARE *(Léon).*

Pour remplir M. LAMARE (Léon), mon autre fils, de son tiers dans les mêmes biens, je lui lègue, aussi à titre de partage :
Les immeubles composant les articles cinq et six de la masse.

Troisième lot. — *Mineure* LAVILLE.

Et pour remplir la mineure LAVILLE, ma petite-fille, de son tiers dans les mêmes biens, je lui lègue au même titre de partage :
1° Les immeubles désignés sous les articles deux et quatre de la masse;
2° Et les deux cents francs de rente sur l'État, faisant l'objet de l'article huit.

CONDITIONS.

Si l'un ou plusieurs de mes descendants, entre lesquels je fais le présent partage, viennent à me prédécéder laissant des enfants ou autres descendants, ceux-ci recueilleront par représentation la part assignée à leur auteur. S'ils ne laissent pas de descendants, la disposition à leur égard sera caduque, et la part que je leur ai assignée fera partie de ma succession, pour être partagée entre mes héritiers; mais les dispositions en faveur des survivants conserveront tout leur effet.

---

(1) Genty, p. 156, 158; Réquier, 135; Bonnet, 267; Demolombe, XXIII, 87; Aubry et Rau, § 731-6; Laurent, XV, 54, 59; Cass., 13 novembre 1849, 23 décembre 1861; Bordeaux, 8 décembre 1834, 8 août 1850; Rouen, 20 février 1857; Orléans, 5 juin 1862; Caen, 15 juin 1803; Audenarde, 29 octobre 1884; Rép. Defrénois, 2419. CONTRA : Duranton, IX, 624; Douai, 19 fév. 1828, 3 août 1846; Amiens, 9 déc. 1847; Bourges, 13 fév. 1860.
(2) Demolombe, XXIII, 88.
(3) Genty, p. 135; Troplong, 2313; Aubry et Rau, § 280-11; Demolombe, XXIII, 77; Réquier, 131; Bonnet, 217; Cass., 9 juillet 1840; Nîmes, 20 novembre 1834; Colmar, 3 avril 1865; Paris, 1er mai 1865. CONTRA : Laurent, XV, 58.

166. Effet déclaratif. — L'effet déclaratif, résultant de l'art. 883 C. civ., est applicable au partage testamentaire comme si l'hérédité avait été partagée entre les héritiers; il s'ensuit que si une soulte immobilière a été attribuée à une femme dotale assujettie au remploi des prix de ses immeubles dotaux, il devra être fait remploi de la soulte, qui ne saurait être considérée comme le legs d'une chose mobilière (1).

167. Dettes. — Les enfants étant lotis comme héritiers, sont tenus des dettes de l'ascendant suivant les règles du droit commun; c'est-à-dire *ultra vires* s'ils ont accepté purement et simplement, et *intra vires* s'ils ont accepté sous bénéfice d'inventaire (2).

168. Privilège. — L'opération constituant un partage, le privilège de copartageant existe tant pour la garantie des lots que pour le payement des soultes que l'ascendant a pu stipuler. Le délai de 45 ou 60 jours, pour l'inscrire, *supra* n° 57, court du jour du décès de l'ascendant (3).

169. Révocation. — Il est loisible à l'ascendant de révoquer le partage testamentaire en tout ou en partie ou de le modifier d'après les règles du droit commun, soit expressément, soit tacitement (4).

170. Aliénations. — L'aliénation par l'ascendant de l'un ou de quelques-uns des biens qu'il y a compris constitue une modification et, à moins que le contraire ne résulte des intentions du disposant, n'emporte nullité du partage qu'autant qu'il en résulte une lésion de plus du quart dans leurs lots, au préjudice de l'un ou de plusieurs des enfants (5). Il en serait autrement si, par ses aliénations, l'ascendant avait bouleversé les économies du partage, ce qui est apprécié par les tribunaux (6).

171. Changements. — Ces règles sont aussi applicables dans le cas où, au lieu d'aliénation, ce sont des changements dans la nature des biens, tels que des adjonctions postérieures à une maison ou à un enclos, des constructions, des démolitions, des détériorations qui modifieraient les résultats du partage (7).

Chacun des légataires aura la pleine propriété et la jouissance des biens entrés dans son lot, à partir du jour de mon décès;

Il acquittera, à compter du même jour, les impôts de toute nature des immeubles entrés dans son lot;

Il supportera les servitudes passives, apparentes ou occultes, continues ou discontinues pouvant les grever; sauf à s'en défendre et à profiter de celles actives, s'il en existe, à ses risques et périls.

Les légataires ne pourront exercer de réclamations les uns envers les autres, pour la différence en plus ou en moins entre la contenance réelle des immeubles et celle sus-exprimée, quand même cette différence serait de plus d'un vingtième.

Ils feront entre eux, après mon décès, la division des titres de propriété conformément à l'art. 842 du Code civil.

Dans le cas où l'un ou plusieurs des lots seraient d'une valeur supérieure aux autres lots, je lègue par préciput et hors part l'excédent à ceux des légataires dans les lots desquels il se trouvera exister.

J'impose expressément à mes héritiers la condition de ne pas attaquer le présent partage; si, nonobstant ma défense, il vient à l'être, pour quelque cause que ce soit, par un ou plusieurs d'entre eux, je déclare priver de toute part dans la quotité disponible ceux qui l'attaqueront; et, pour ce cas, je lègue par préciput et hors part la quotité disponible à ceux de mes héritiers qui auront respecté mes dispositions.

Le présent testament a été ainsi dicté. *(Pour le surplus, voir formule de testament.)*

Enregistrement. — La régie réclame le droit gradué de partage.

(1) Demolombe, XXIII, 118; Genty, p. 205; Cass., 4 juin 1849, 7 août 1860; Caen, 16 novembre 1868. Contra : Caen, 9 mars 1839, 5 novembre 1845.

(2) Demolombe, XXIII, 119; Demante, IV, 213 bis-11; Aubry et Rau, § 733-21; Genty, p. 206; Réquier, 66; Bonnet, 423.

(3) Demolombe, XXIII, 116; Troplong, *Priv.*, 315; Duranton, IX, 289; Pont, *Priv.*, 291; Aubry et Rau, § 733-11; Laurent, XV, 83; Cass., 7 août 1860; Montpellier, 19 février 1853. Voir cep. Laurent, XV, 56; Bonnet, 486.

(4) Demolombe, XXIII, 93; Aubry et Rau, § 733 p. 32.

(5) Demolombe, XXIII, 96; Aubry et Rau, § 733-20.

(6) Demolombe, XXIII, 96; Aubry et Rau, § 733-19; Laurent, XV, 78; Réquier, 52. Contra : Bonnet, 417.

(7) Demolombe, XXIII, 96. Contra : Genty, p. 192, 196.

172. Partage en plusieurs séances. — Lorsque les biens à comprendre dans le partage testamentaire forment une grande quantité de parcelles, la désignation des biens, l'origine de propriété et le lotissement peuvent être d'une longueur telle que l'opération en une seule séance se trouve matériellement impossible pour le testateur aussi bien que pour les témoins et le notaire. Dans ce cas, il est préférable, si cela est possible, de faire le partage testamentaire sous forme de testament mystique. Si le testateur ne peut tester dans cette forme, le testament devra être divisé en plusieurs séances [FORM. 29].

FORMULE 29. — **Partage testamentaire en plusieurs séances** (N° 172).

1re SÉANCE. — ÉTABLISSEMENT DE LA MASSE.

PAR DEVANT M^e....., etc. *(Voir formule 28.)*
    A COMPARU M.....,
Lequel a dicté, etc. *(Le surplus comme en la formule précédente.)*
Mes héritiers présomptifs sont : etc. *(Ibid.)*
Pour éviter après mon décès, etc. *(Ibid.)*

MASSE DE MES BIENS.

ART. 1.....; ART. 2.....; ART. 3.....; ART. 4.....; etc.

ORIGINE DE PROPRIÉTÉ.

Les immeubles que je viens de désigner m'appartiennent, etc. *(Etablir succinctement l'origine de propriété.)*

RENVOI POUR LA CONTINUATION.

Le lotissement, l'attribution des lots et les conditions du partage devant demander un temps assez long, je me borne aujourd'hui à l'opération qui précède et je remets la continuation du partage à demain *(ou à un jour ultérieur).*
Ce testament a été ainsi dicté, etc *(Voir formule de testament.)*

2e SÉANCE. — COMPOSITION DES LOTS.

Et aujourd'hui.....,
PAR DEVANT M^e.....,
    A COMPARU M.....,
Lequel, après que M^e....., notaire soussigné, lui a donné une nouvelle lecture de la première partie du présent partage, en date du....., dont la minute précède, a dicté à M^e....., notaire soussigné, en présence des quatre témoins, la suite de son partage testamentaire :
Je maintiens l'établissement de la masse de mes biens et l'origine de propriété contenus en la première partie de mon partage testamentaire en date du.....;
Je continue ainsi qu'il suit le partage de mes biens :

COMPOSITION DES LOTS.

Premier lot. Je le compose de :
1°.....; 2°.....; 3°.....; 4°.....; etc.
Deuxième lot. Je le compose de :
1°.....; 2°.....; 3°.....; 4°.....; etc.
Troisième et dernier lot. Je le compose de :
1°.....; 2°.....; etc.
Je borne mes dispositions testamentaires de ce jour aux opérations qui précèdent et j'en remets à un jour ultérieur la continuation et l'achèvement.
Ce testament a été ainsi dicté, etc.

3e ET DERNIÈRE SÉANCE. — ATTRIBUTION; CONDITION.

Et aujourd'hui,
PAR DEVANT M^e.....,
    A COMPARU M.....,
Lequel, après qu'une nouvelle lecture lui a été donnée par M^e....., notaire soussigné, des deux premières parties du présent partage testamentaire, en date des....., dont la minute précède, a dicté à M^e....., en présence des quatre témoins, la suite de son partage testamentaire :

173. Référence à un lotissement. — Il a été décidé que l'ascendant testateur est fondé, en un tel cas, à employer aussi le moyen suivant de disposer par partage testamentaire : Il établit d'abord, par un acte notarié de lotissement [Form. 31], la désignation des biens formant la masse à partager, leur origine de propriété, la composition des lots ; puis, par son testament, en s'y référant, il attribue les biens compris dans chacun des lots à ses enfants ou autres descendants (1). Comme ce mode d'opérer serait susceptible d'être discuté en raison de ce qu'il n'est pas permis de tester par référence à un autre acte, nous

Je maintiens l'établissement de la masse de mes biens et le lotissement que j'en ai fait par les deux actes testamentaires qui viennent d'être énoncés.

Je termine ainsi qu'il suit le partage de mes biens :

ATTRIBUTIONS.

J'attribue et je lègue, à titre de partage, à....., le premier lot de mes biens, tel que je l'ai composé dans l'acte testamentaire du.....

J'attribue et je lègue, au même titre de partage, à....., le second lot de mes biens, aussi tel que, etc.

(Voir pour le surplus, la formule 28.)

FORMULE 30. — Partage testamentaire se référant à un acte de lotissement (N° 173).

Par devant M^e.....,

    A comparu :

Mme Morel (Louise-Adélaïde), veuve de M. Jean-Joseph Barey, rentière, demeurant à.....,

Saine d'esprit, etc. *(Voir formule de testament.)*

Laquelle a dicté à M^e....., notaire soussigné, en présence des quatre témoins, son testament ainsi qu'il suit :

J'ai pour seuls présomptifs héritiers, mes trois enfants issus de mon mariage avec mon défunt mari :

1° Barey (Jacques-Elie), cultivateur, demeurant à.....;

2° Barey (Eléonore-Jenny), encore mineure, épouse de M. Christophe Couroy, briquetier, demeurant à....;

3° Barey (Virginie-Rose), mineure, sans profession, demeurant avec moi;

Voulant, après mon décès, éviter toutes difficultés entre mes enfants relativement au partage de mes biens, notamment le partage judiciaire de ma succession que nécessiterait la minorité de mes deux filles, j'ai résolu d'en faire le partage entre eux par le présent testament.

Comme mes biens comprennent un grand nombre de parcelles, j'en ai établi la désignation et l'origine de propriété, ainsi que la division en trois lots, un pour chacun de mes enfants, aux termes d'un acte reçu par M^e....., notaire soussigné, ce jourd'hui, auquel je me réfère, et je fais l'attribution des lots à mes enfants ainsi qu'il suit :

I. Pour remplir mon fils Barey (Jacques-Elie), de son tiers dans les biens compris en la masse, je lui attribue, à titre de partage, le premier lot composé de :

1°.....; 2°.....; 3°.....; etc. *(Désigner chacun des immeubles de ce lot par sa nature, sa contenance et sa situation.)*

II. Pour remplir ma fille, Mme Couroy, de son tiers, etc. *(Comme dessus.)*

III. Et pour remplir ma fille, Mlle Barey, etc. *(Aussi comme dessus.)*

CONDITIONS.

(Voir pour le surplus, la formule 28.)

FORMULE 31. — Acte de lotissement préalable au partage testamentaire [N° 173].

Par devant M^e.....,

    A comparu :

Mme Morel (Louise-Adélaïde). *(Formule précédente.)*

Laquelle a dit qu'elle a pour seuls présomptifs héritiers, ses trois enfants issus de son mariage avec son défunt mari : 1°.....; 2°.....; 3°..... *(Les dénommer comme en la formule précédente.)*

---

(1) Laurent, XV, 23; Orléans, 20 juin 1845; Cass., 7 avri 1847. Contra : Belfort, 18 mai 1863.

recommandons, si l'on emploie cette forme, de mentionner dans l'acte testamentaire chacun des biens composant les lots en les désignant par leur nature, leur situation, leur conte-nance et de décrire, d'une manière suffisante, les créances et valeurs entrées dans les lots, de manière que l'acte testamentaire suffise à lui seul pour la validité du partage [Form. 30].

174. Biens du prédécédé. — Le partage testamentaire ne peut, sous peine de nullité, comprendre les biens du conjoint prédécédé, *supra* n° 131, car alors le legs serait de la chose d'autrui (1). Cependant on décide que si l'époux survivant, en faisant figurer dans son partage testamentaire les biens de son conjoint prédécédé, a imposé à ses enfants la condition de l'exécuter sous peine, pour ceux qui s'y refuseraient, d'être privés de leur part dans la quotité disponible, cette clause pénale est valable (2), *supra* n° 135 [Form. 32].

175. Attribution à un seul enfant. — De même, en cas d'attribution par un partage testamentaire de l'unique immeuble de la succession à un seul des enfants à la

---

Qu'elle a résolu de faire entre eux le partage testamentaire de ses biens; mais qu'en raison de son état de santé, elle se trouverait n'avoir pas assez de force pour dicter la désignation des nombreuses parcelles qu'elle possède non plus que leur origine de propriété et leur division en trois lots, un pour chacun de ses enfants.

Et elle requiert Me....., notaire soussigné, d'établir par le présent acte, auquel elle se référera pour son partage testamentaire, la désignation détaillée de ses biens, leur origine de propriété et les trois lots à former de ces biens.

Il y a été procédé, ainsi qu'il suit :

DÉSIGNATION.

Art. 1. Une maison, située, etc.
Art. 2. Une pièce de terre, située, etc.

ORIGINE DE PROPRIÉTÉ.

. . . .

DIVISION.

Il est formé ainsi qu'il suit trois lots des biens ci-dessus désignés :
Premier lot. Il est composé de :
1°.....; 2°.....; 3°.....; etc.
Second lot. Il est composé de :
1°.....; 2°.....; 3°.....; etc.
Troisième lot. Il est formé de :
1°.....; 2°.....; 3°.....; etc.

Ces lots seront attribués aux enfants de la comparante, par le partage testamentaire qu'elle se propose de faire entre eux, qui comprendra leur attribution avec la désignation sommaire des immeubles entrés dans chacun des lots.

Mme veuve Barey reconnaît que Me....., notaire soussigné, lui a fait connaître l'état de la jurisprudence sur le partage testamentaire se référant à un acte séparé de lotissement; elle déclare d'ailleurs, qu'en désignant les lots dans son partage testamentaire, il contiendra par lui seul une attribution suffisante des biens.

Dont acte. Fait et passé, etc.

Enregistrement. — Droit fixe 3 fr. comme acte innommé.

FORMULE 32. — Partage testamentaire par l'époux survivant. — Biens du conjoint prédécédé. — Clause pénale (Nos 174 à 177).

Par devant Me.....,
    A comparu :
Mme Anglas (Rose-Estelle), veuve de M. Jean-Pierre Guille, propriétaire, demeurant à.....,

---

(1) Demolombe, XXIII, 89; Aubry et Rau, § 731-1; Laurent, XV, 57; Bonnet, 248; Réquier, 138; Bordeaux, 22 mai 1844; Besançon, 16 janvier 1846; Caen, 9 juin 1874. Voir cep. Douai, 7 décembre 1871.

(2) Réquier, 78; Bonnet, 389; Paris, 24 juin 1886; Rép. Defrénois, 3439. Contra : Caen, 9 juin 1874; Bernay, 15 mars 1882; *Ibid*, 836.

charge d'une soulte, si une clause pénale y a été attachée, elle est encourue à défaut d'exécution (1).

176. Condition de vente. — Quand l'ascendant a ordonné, par son partage testamentaire, que certains de ses immeubles, qu'il indique, seront vendus pour le prix être partagé entre ses enfants, en ajoutant que celui des enfants qui mettra obstacle à l'exécution de cette disposition sera privé de la quotité disponible, cette peine est encourue par l'enfant qui en provoque le partage (2).

177. Clauses pénales. — Le partage testamentaire, d'ailleurs, peut être soumis aux mêmes clauses pénales que le partage anticipé entre vifs, *supra* n° 61.

SECTION II. — Effets du partage testamentaire.

178. Dévolution. — A la mort de l'ascendant, le partage testamentaire constitue

---

Saine d'esprit, etc.

Laquelle a dicté, etc.

J'ai pour seuls présomptifs héritiers, chacun pour moitié, deux enfants issus de mon mariage avec mon défunt mari : 1° GUILLE (Maxime), maréchal-ferrant, demeurant à....; 2° GUILLE (Léonie-Julienne), mineure, demeurant avec moi.

Les seuls immeubles que nous possédions, mon mari et moi, consistent en :

1° Une maison, située à....., divisée en....., avec cour et jardin, de la contenance de....., section B, n°s 25, 27 et 28 du plan cadastral, tenant d'un côté, etc.

Cette maison m'appartient comme l'ayant recueillie dans les successions de....., etc.

2° Un verger, attenant à cette maison, dont il forme une dépendance nécessaire, de la contenance de....., section B, n° 26 du plan cadastral, tenant d'un côté, etc.

Ce verger dépend de la communauté ayant existé entre mon mari et moi, au moyen de l'acquisition que mon mari en a faite de M....., etc.

Prévoyant le cas où je viendrais à décéder avant la majorité de ma fille, je tiens à éviter toutes contestations qui pourraient s'élever au sujet du partage des successions de mon mari et de moi, et surtout le partage et la licitation judiciaire auxquels donnerait lieu la minorité de ma fille, dont les frais absorberaient la majeure partie des biens sus-désignés.

Je crois agir dans l'intérêt de mes deux enfants, en disposant par partage testamentaire des biens sus-désignés, quoique la moitié du verger dépende de la succession de mon mari. Je sais que je dispose d'une chose ne m'appartenant pas, et que la loi prohibe une telle disposition ; mais j'espère que mes enfants considéreront que j'ai été mue seulement par le désir de leur être utile.

D'un acte coté, les deux corps d'immeubles sus-désignés formant un ensemble qui ne saurait être divisé sans préjudice et que je considère comme impartageable ; je crois également rendre service à mes enfants, en attribuant la totalité de ces immeubles à mon fils, à la charge d'une soulte envers sa sœur.

En conséquence, je lègue et attribue, à titre de partage testamentaire, à mon fils GUILLE (Maxime), la totalité des deux immeubles ci-dessus désignés.

A la charge d'une soulte de dix-huit cents francs envers GUILLE (Léonie-Julienne), sa sœur, qui sera payable à celle-ci, dans l'année du jour de mon décès, avec l'intérêt à cinq pour cent par an, aussi du jour de mon décès, le tout devra être versé à....., en l'étude de Me....., notaire.

Cette somme sera garantie par le privilège de copartageant qui sera inscrit dans le mois de mon décès.

CONDITIONS.

(Voir pour le surplus la formule 28.)

ENREGISTREMENT. — Droit gradué et droit proportionnel à 4 p. 100 sur la soulte.

FORMULE 33. — Consentement à exécution d'un partage testamentaire (N°s 178 à 188).

PAR DEVANT Me.....,

ONT COMPARU :

M. LAMARE (Léon), marchand tapissier, demeurant à.....;

---

(1) Cass., 11 juillet 1883 ; Rép. Defrénois, 1639. | (2) Cass., 15 février 1870.

non une transmission sous forme de legs, mais une dévolution héréditaire ; de sorte que le partage imposé par l'ascendant équivaut au partage que les enfants auraient fait après son décès, quelque forme qu'il ait employée pour la disposition (1) [Form. 33].

179. Non répudiation. — La succession arrivant aux enfants ainsi partagée en tout ou en partie, ils doivent la recueillir telle qu'elle leur est dévolue, ce qui fait obstacle à ce qu'ils la répudient comme partagée pour l'accepter comme indivise en qualité d'héritiers (2).

180. Renonciation à succession. — Le partage testamentaire étant une opération purement distributive, les enfants, lors même que l'ascendant aurait légué à chacun d'eux les biens formant son lot, ne seraient pas admis à renoncer à la succession pour s'en tenir aux legs ; à moins qu'il ne résulte du testament la volonté formelle du testateur de leur faire seulement des legs égaux qu'ils ont le droit de réclamer en renonçant (C. civ., 845), jusqu'à concurrence de la quotité disponible (3).

181. Acceptation. — Les enfants doivent donc accepter la succession pour recueillir les lots attribués par l'ascendant ; cette acceptation peut être pure et simple ou bénéficiaire (4).

182. Saisine ; jouissance. — Chacun des enfants à la saisine de son lot par le fait seul du décès de l'ascendant, sans qu'aucune délivrance soit à demander ou à faire (5) ; et c'est à partir de ce décès qu'ils ont séparément droit aux fruits (6).

183. Prédécès sans postérité. — Si l'un des enfants a prédécédé l'ascendant sans laisser de postérité, la disposition à son profit est caduque (7). Cette caducité n'atteint

---

M. Lamare (Louis), cultivateur, demeurant à.....;

Et Mlle Laville (Louise-Eugénie, majeure, célibataire, demeurant à......;

MM. Lamare, héritiers chacun pour un tiers de M. Lamare (Louis-Elie), leur père, en son vivant propriétaire, demeurant à....., où il est décédé le.....,

Et Mlle Laville, héritière pour le dernier tiers de M. Lamare, son aïeul, par représentation de Mme Charlotte Lamare, sa mère, décédée épouse de M. Charles Laville et fille de M. Lamare, *de cujus*.

Ainsi que le constate un acte de notoriété reçu par Me....., notaire à....., le.....

Lesquels, ayant une parfaite connaissance du partage testamentaire de M. Lamare *de cujus*, dicté à Me....., notaire à....., par son testament en date du....., enregistré, aux termes duquel il a réparti ses biens immeubles à titre de partage entre ses trois présomptifs héritiers : MM. Lamare et Mlle Laville comparants.

Le premier lot, attribué à M. Lamare (Louis), a été composé de :

1°.....; 2°.....; 3°.....; etc. *(Désigner sommairement.)*

Le second lot, attribué à M. Lamare (Léon), a été composé de :

1°.....; 2°.....; 3°.....; etc.

Le troisième lot, attribué à Mlle Laville, a été composé de :

1°.....; 2°.....; etc.

Ces faits exposés, les comparants ont déclaré qu'ils consentent l'exécution pure et simple du partage testamentaire qui vient d'être énoncé, et, en tant que de besoin, se font respectivement délivrance des lots qui leur ont été attribués.

Voulant que ce partage testamentaire produise le même effet que s'il avait été fait entre eux après le décès de M. Lamare, leur père et aïeul.

Mention des présentes est consentie pour avoir lieu sur toutes pièces où besoin sera.

Dont acte. Fait et passé, etc.

Enregistrement. — Le droit gradué ayant été perçu sur le partage testamentaire, cet acte n'est passible que du droit fixe de 3 fr.

---

(1) Demolombe, XXIII, 97, 98 ; Troplong, 2302 ; Demante, IV, 243 bis ; Aubry et Rau, § 728-3 ; Réquier, 59. Contra : Laurent, XV, 53.

(2) Demolombe, XXIII, 31, 99 ; Genty, p. 199 ; Demante, IV, 243 bis-2 et 4. Contra : Laurent, XV, 55.

(3) Troplong, 2302 ; Demante, IV, 243 bis-10 ; Aubry et Rau, § 733-22 ; Genty, p. 199 ; Bonnet, 424 ; Réquier, 61.

(4) Demolombe, XXIII, 103.

(5) Rép. Defrénois, 1102-10.

(6) Demolombe, XXIII, 104 ; Toullier, V, 816 ; Genty, p. 101.

(7) Demolombe, XXIII, 106.

pas le partage en entier qui conserve ses effets relativement aux autres lots ; et dès lors il y a lieu à un complètement de partage portant sur le lot de l'enfant prédécédé (1).

184. Prédécès avec postérité. — Mais la caducité n'atteint pas le lot attribué à l'enfant prédécédé, s'il a laissé une postérité légitime ; dans ce cas, il est recueilli par ses descendants, *supra* nᵒ 157.

185. Préciput. — Ceci ne concerne que le lot attribué. Si l'ascendant avait fait une disposition par préciput au profit de l'enfant prédécédé, sans clause de reversibilité à ses enfants, elle serait caduque dans tous les cas (2).

186. Survenance d'enfant. — Si après le partage testamentaire il survient un autre enfant au testateur et qu'il soit existant à son décès, *infra* nᵒ 249, ce partage se trouve sans effet en raison de ce qu'un enfant a été omis et doit être refait (3).

187. Inexécution des conditions. — Comme conséquence aussi de ce que les enfants recueillent comme héritiers, le partage testamentaire n'est pas sous le coup de l'action en rescision pour cause d'inexécution des conditions (4).

188. Prescription. — Le partage testamentaire, étant seulement attributif, ne constitue pas un titre pouvant servir de fondement à la prescription (5).

——∘∘◡⧓⟪◡∘∘——

TROISIÈME PARTIE

DES ACTIONS EN NULLITÉ OU EN RESCISION

DIVISION

Sᴇᴄᴛ. I. — *Régles générales.*

    § 1. Droit de demander la nullité ou la rescision (Nᵒˢ 189 à 199).
    § 2. Effets de la nullité ou de la rescision (Nᵒˢ 200 à 205).
    § 3. Confirmation de l'acte annulable ou rescindable (Nᵒˢ 206 à 215).
    § 4. Prescription contre l'action en nullité ou rescision (Nᵒˢ 216 à 222).

Sᴇᴄᴛ. II. — *Action en rescision pour lésion* (Nᵒˢ 223 à 233).

Sᴇᴄᴛ. III. — *Actions en nullité.*

    § 1. Lotissement (Nᵒ 238).
    § 2. Enfants omis (Nᵒˢ 239 à 251).
    § 3. Atteinte à la réserve (Nᵒˢ 252 à 260).

SOMMAIRE ALPHABÉTIQUE

(1) Demolombe, XXIII, 107 ; Toullier, V, 814 ; Duranton, IX, 641 ; Massé et Vergé, § 502-2 et 506-4 ; Aubry et Rau, § 730-17 ; Demante, IV, 243 bis-8 ; Laurent, XV, 80. Voir Montpellier, 7 février, 1850. Cᴏɴᴛʀᴀ : Troplong, 2319 ; Dalloz, 4595.
(2) Demolombe, XXIII, 111.
(3) Troplong, 2322.
(4) Demolombe, XXIII, 114 ; Genty, p. 204 ; Laurent, XV, 84 ; Grenoble, 8 janvier 1851 ; Bordeaux, 8 juin 1857 ; Cass., 7 août 1860. Cᴏɴᴛʀᴀ : Limoges, 21 juin 1836.
(5) Demolombe, XXIII, 117.

SOMMAIRE DES FORMULES

Form. 34. — Ratification d'un partage anticipé sujet à nullité pour atteinte à la réserve.

Form. 35. — Ratification d'un partage anticipé sujet à rescision pour lésion.

Form. 36. — Ratification d'un partage anticipé par une femme dotale devenue veuve.

Form. 37. — Lésion dans le partage anticipé réparée par une attribution de biens.

Form. 38. — Attribution à un enfant omis pour l'égaliser avec les autres enfants.

Form. 39. — Acte de notoriété après le décès d'un ascendant; partage anticipé entre vifs.

Form. 40. — Même acte de notoriété; partage testamentaire.

Form. 41. — Règlement quand l'un des copartagés a moins que sa réserve.

SECTION I. — **Règles générales.**

§ 1. *Droit de demander la nullité ou la rescision.*

189. Généralité. — Le partage d'ascendants entre vifs ou testamentaire peut être attaqué : en rescision, pour lésion de plus du quart; en réduction, pour atteinte à la réserve (C. civ., 1079); en nullité, pour inégalité dans la répartition des biens (C. civ., 826, 832).

190. Enfants; créanciers. — La nullité ou la rescision ne peut être demandée que par les enfants ou par leurs créanciers comme exerçant leurs droits en vertu de l'article 1166 C. civ. Les créanciers d'un enfant ont également le droit de faire annuler le partage en vertu de l'article 1167, s'il a été fait en fraude de leurs droits; par exemple, s'il a été concerté entre les parties dans le but de soustraire à leur action le lot de leur débiteur (1).

191. Epoque. — Suivant une jurisprudence qui semble bien assise, le droit d'exercer l'action en nullité ou en rescision ne s'ouvre qu'au décès de l'ascendant, que le partage soit entre vifs ou testamentaire, qu'il s'agisse de l'action en réduction pour atteinte à la réserve, de l'action en rescision pour lésion, ou de l'action en nullité pour inégalité dans la répartition des biens ou pour omission d'enfant, puisque c'est seulement à cette époque que les enfants sont héritiers, ont des droits héréditaires et que le partage revêt le caractère de partage de succession (2) — ou du décès du survivant des donateurs si le partage est collectif par père et mère (3) à moins que le partage quoique collectif, comprenne une distribution séparée de ses biens par chacun des père et mère, auquel cas l'action s'ouvre au décès du père pour les biens par lui donnés et au décès de la mère pour sa propre donation (4) : — enfin, aussi du jour du décès du survivant, si celui-ci a fait cumulativement le partage de ses biens, en y réunissant, par une seule masse, ceux de son conjoint prédécédé (5). —En ce qui concerne le partage testamentaire, si le testament est découvert depuis le décès, ce droit ne s'ouvre qu'à partir de cette découverte (6).

192. Partage séparé. — Quand le partage d'ascendant est entre vifs, et que la division a eu lieu entre les enfants séparément de la démission de biens, *supra* nº 74, c'est au jour du partage que s'ouvre l'action en nullité ou en rescision (7).

FORMULE 34. — Ratification d'un partage anticipé sujet à nullité pour atteinte à la réserve (nº 211).

Par devant Me....,

    A comparu :

Mme Lesel (Augustine), en religion sœur Anne, religieuse au couvent de la Providence à....., domiciliée à.....,

Laquelle, pour arriver à la ratification faisant l'objet des présentes, a exposé ce qui suit :

Aux termes d'un acte reçu par Me....., notaire à....., le....., M. Lesel (Denis) a fait le partage anticipé de ses biens immeubles entre ses trois enfants : M. Lesel (Gustave), cultivateur, demeurant à.....; Mme Lesel (Virginie), épouse de M. Jacques Blay, maître maçon, demeurant à.....; et Mlle Lesel, comparante.

Il a attribué à ses enfants, à titre de partage anticipé :

A M. Lesel (Gustave) : 1º.....; 2º.....; 3º.....; etc.

A Mme Blay : 1º.....; 2º.....; etc.

Et à Mlle Lesel, comparante : 1º.....: 2º.....; etc.

Précédemment, M. Lesel père avait fait donation par préciput et hors part :

A M. Lesel (Gustave), aux termes de son contrat de mariage avec Mme....., reçu par Me....., notaire à....., le....., une pièce de terre en labour, située commune de....., lieudit....., contenant.....

Et à Mme Blay, suivant son contrat de mariage, reçu par Me....., notaire à....., le....., un

---

(1) Grenoble, 10 mai 1873.
(2) Demolombe, XXIII. 220; Troplong. 2231; Dalloz. 4609. 4651; Aubry et Rau, § 732-7 et 734-19; Genty. p. 258; Bonnet. 633; Réquier. 231 : Caen. 4 janvier 1835 : Nîmes. 17 mars 1841; Lyon, 30 août 1848; Bordeaux. 30 juillet 1849, 3 mai 1865; Agen, 28 mai 1850; Orléans, 17 janvier 1851; Cass.. 30 juin 1847, 2 août 1848, 16 juillet 1849. 18 décembre 1854. 4 juin 1862. 7 janvier 1863. 28 juin et 29 août 1864. Contra : Duranton. IX. 646; Laurent. XV. 109. 113. 116; Demante, IV, 247 bis-7 à 11 : Bordeaux. 1er avril 1833. 23 décembre 1843. 23 mai 1846; Limoges 24 décembre 1835 : Toulouse. 15 mai 1838; Grenoble. 30 juillet 1839. 6 mai 1842 : Nîmes. 12 juillet 1842; Dijon. 11 mai 1844; Douai. 24 janvier 1846; Montpellier. 13 décembre 1846; Cass.. 2 juillet 1836. 4 février 1845.
(3) Demolombe, XXIII, 227; Aubry et Rau, § 734-25 et 27; Réquier. 240; Bonnet. 658; Bordeaux. 22 février 1858; Lyon, 18 avril 1860; Agen. 1er juin 1864; Chambéry. 23 juillet 1873; Toulouse. 26 juillet 1878; Pontoise. 19 juin 1883; Cass., 19 décembre 1859. 28 juin et 29 août 1864. 11 juin 1872, 16 novembre 1885; Rép. Defrénois 1604. 3556. Contra : Laurent, XV. 118: Cass.. 18 août 1847; Agen, 17 novembre 1855. 16 février 1857; Toulouse. 22 mai 1863.
(4) Demolombe, XXIII, 227; Laurent. XV. 118; Toulouse. 22 mai 1863.
(5) Demolombe. XXIII. 228; Agen. 28 mai 1850; Cass, 19 décembre 1859. 27 juin 1874; Bordeaux. 28 avril 1875.
(6) Demolombe. XXIII, 215; Duranton, IX, 646; Aubry et Rau. § 532-7.
(7) Demolombe, XXIII, 223.

193. Pleine et nue propriété. — L'action s'ouvre du jour du décès, sans qu'il y ait à distinguer si les biens ont été donnés en pleine propriété ou avec réserve d'usufruit (1).

194. Action irrecevable. — Comme conséquence de ce que ces actions ne s'ouvrent qu'au décès de l'ascendant, elles seraient irrecevables si elles étaient formées avant le décès (2).

195. Charges imposées. — En ce qui concerne les charges imposées aux enfants par les père et mère, ou à certains des enfants envers l'un ou plusieurs des autres, le droit de les exiger peut être exercé immédiatement après le partage si des termes n'ont pas été stipulés (3).

196. Dol; violence. — Les actions en nullité ou en rescision par les enfants pour cause de dol ou violence, à l'égard du partage opéré entre eux, ne s'ouvrent aussi qu'à l'époque du décès de l'ascendant donateur (4); mais s'il s'agit de la nullité de la donation pour dol ou violence, elle peut être intentée de suite.

197. Avance des frais; compensation. — L'enfant qui attaque le partage pour l'une des causes exprimées en l'article 1079, doit faire l'avance des frais de l'estimation et il les supporte, en définitive, ainsi que les dépens de la contestation, si la réclamation n'est pas fondée (C. civ., 1080), sans qu'il puisse, en vertu de l'art. 131 C. proc., être compensé en tout ou en partie (5). La compensation des dépens peut cependant être ordonnée si l'enfant demandeur obtient gain de cause (6).

198. Dépens non consignés. — L'enfant demandeur n'est pas tenu de consigner le montant des frais (7); mais les tribunaux peuvent ordonner des mesures conservatoires pour en assurer le payement (8).

199. Non extension. — L'article 1080 doit être renfermé dans ses limites et ne s'étend pas au cas où le partage est attaqué pour la cause exprimée en l'art. 1078 (9), ni pour inégale répartition des biens, vice de consentement, erreur, dol ou violence (10).

---

trousseau d'une valeur de huit cents francs, et une somme de deux mille francs en numéraire, dont la célébration du mariage a valu quittance.

M. Lesel père est décédé en son domicile à....., le....., laissant pour seuls héritiers ses trois enfants entre lesquels il avait fait le partage anticipé de ses biens, ainsi que le constate un acte de notoriété reçu par Me....., notaire à....., le.....

Il résulte d'une expertise à laquelle les trois enfants ont fait procéder, que les biens compris dans le partage anticipé et ceux qui ont fait l'objet des deux donations à M. Lesel (Gustave) et à Mme Blay sont d'une valeur de . . . .   16,400 »

Dont le quart formant la réserve est de. . . . .   4,100 »

Les immeubles composant le lot attribué à Mme Lesel, comparante, sont seulement d'une valeur de 3,100 francs, ci . . . .   3,100 »

De sorte qu'elle a en moins que sa réserve . . . .   1,000 »

En raison de cela, Mme Lesel, comparante, serait en droit de faire annuler, pour atteinte à la réserve légale, le partage anticipé fait par son père.

Mais voulant respecter les volontés de son père et réparer le vice résultant de l'atteinte à sa réserve, dont elle a une parfaite connaissance,

Mme Lesel, comparante, déclare approuver, confirmer et ratifier purement et simplement le partage anticipé sus-énoncé, renonçant à l'attaquer pour atteinte à sa réserve ou pour toute autre

---

(1) Demolombe, XXIII, 224.
(2) Demolombe, XXIII, 225; Troplong. 2334; Aubry et Rau, § 734-26; Bonnet. 655, 656; Lyon, 30 août 1848; Paris, 8 avril 1850; Bordeaux, 22 février 1858; Grenoble. 20 décembre 1858; Cass., 18 décembre 1848, 14 juillet 1852, 6 février 1860, 2 janvier et 10 décembre 1867.
(3) Demolombe, XXIII, 230; Aen, 13 juillet 1868.
(4) Demolombe, XXIII, 231; Genty, p. 267.
(5) Demolombe, XXIII, 209; Duranton, IX, 660; Aubry et Rau,
§ 734-14; Demante, IV, 248 bis; Réquier, 190; Laurent, XV, 125.
(6) Demolombe, XXIII, 210; Duranton, IX, 660; Genty, p. 330.
(7) Demolombe, XXIII, 211; Laurent, XV, 125; Riom, 10 mai 1831.
(8) Demolombe, XXIII, 211; Lyon, 18 avril 1860. Contra : Laurent, XV, 125.
(9) Demolombe, XXIII, 212; Genty, p. 330.
(10) Demolombe, XXIII, 213; Troplong, 2339; Orléans, 15 janvier 1853. Contra : Genty, p. 331.

§ 2. *Effets de la nullité ou rescision.*

200. Partage non exécuté. — Si l'opération n'a pas encore été exécutée, en raison, notamment, de ce que le partage est testamentaire, il n'y a pas lieu d'en tenir compte, et la succession doit être partagée de la même manière que si aucun partage n'avait existé (1).

201. Partage exécuté. — Si le partage a été exécuté parce qu'il était entre vifs ou que, fait par testament, il n'a été annulé ou rescindé qu'après son exécution, il est considéré comme non avenu et un nouveau partage est nécessaire à titre d'indivision entre les enfants et non pas comme biens rentrés dans l'hérédité (2). Le juge ne pourrait maintenir l'acte en se bornant à ordonner la réparation de la lésion (3).

202. Aliénation. — Puisque les biens rentrent dans l'indivision, l'aliénation consentie antérieurement par l'un des copartagés est frappée de nullité (4), même lorsque c'est le copartagé vendeur qui a provoqué l'annulation (5). Toutefois, cette nullité dépend des attributions du nouveau partage, qui fixe définitivement et rétroactivement les droits des héritiers (6).

203. Restitution; rapports. — La restitution à l'égard du partage entre vifs a lieu par un rapport en nature ou en deniers suivant les règles du rapport (7). Si l'ascendant a attribué tous ses immeubles à l'un des enfants, à la charge de soultes envers les autres qui ont été versées, le rapport est : d'une part, de tous les immeubles et, d'autre part, des sommes versées, car si les enfants ne les ont pas reçues directement de l'ascendant, c'est comme charge de sa libéralité et, à ce titre, venant de lui (8). L'annulation, ou la rescision, amène l'appréciation des règles du rapport, notamment de l'art. 857 suivant lequel le rapport ne profite pas aux créanciers ni aux légataires du défunt (9).

204. Fruits à restituer. — Les fruits à restituer sont dus, que le partage ait été déclaré nul en vertu de l'art. 1078 ou rescindé en vertu de l'art. 1079, à compter du jour où ils ont commencé à les percevoir (10).

---

cause, et voulant qu'il reçoive comme par le passé sa pleine et entière exécution selon sa forme et teneur, de la même manière que si elle avait été remplie de sa réserve.

Mention des présentes est consentie pour avoir lieu sur toutes pièces où besoin sera.

Dont acte. Fait et passé, etc.

Enregistrement. — Même droit fixe de 3 fr.

FORMULE 35. — Ratification d'un partage anticipé sujet à rescision pour lésion (N° 212).

Par devant Me.....,
    Ont comparu :
M. Gillet (Luc-Noël), cultivateur, demeurant à.....;
M. Blin (Hector), menuisier, et Mme Gillet (Ernestine-Aglaée), son épouse, de lui autorisée, demeurant ensemble à....;
Et M. Gillet (Arthur-Ernest), majeur, employé, demeurant à.....;
    Seuls héritiers, chacun pour un tiers, de M. Gillet (Edouard), leur père, en son vivant propriétaire cultivateur, demeurant à....., où il est décédé le.....; ainsi que le constate un acte de notoriété reçu par Me....., notaire à....., le.....
Lesquels, pour arriver à la ratification faisant l'objet des présentes, ont exposé ce qui suit :

(1) Demolombe, XXIII, 232.
(2) Aubry et Rau, § 733-5 ; Laurent, XV, 128 ; Réquier, 194 ; Angers, 14 juillet 1847. Voir cep. Montpellier, 27 juin 1869.
(3) Demolombe, XXIII, 234 ; Aubry et Rau, § 734-15 ; Laurent, XV, 126 ; Bonnet, 191 ; Cass., 22 juillet 1870.
(4) Cass., 22 août 1877 ; Montpellier, 10 janvier 1878.
(5) Cass., 21 juin 1882 ; Toulouse, 19 mai 1885 ; Rép. Defrénois, 833, 3078.
(6) Cass., 26 juillet 1887 ; Rép. Defrénois, 3045.

(7) Demolombe, XXIII, 235 ; Réquier, 194 ; Bonnet, 679. Contra : Aubry et Rau, § 734-31 ; Laurent, XV, 129.
(8) Demolombe, XXIII, 236 ; Aubry et Rau, § 732-13 ; Grenoble, 10 août 1864. Voir Cass., 24 octobre 1888 ; Rép. Defrénois, 4820.
(9) Demolombe, XXIII, 238.
(10) Demolombe, XXIII, 240 ; Aubry et Rau, § 734-32 ; Réquier, 286 bis ; Bonnet, 693 ; Cass., 11 juillet 1866, 14 juillet 1869.

205. Libéralités par préciput. — Si elle est d'un objet déterminé en dehors et en sus de la part de l'enfant, la nullité ou la rescision du partage ne saurait faire obstacle à sa validité, même dans le cas où l'ascendant n'aurait pas déclaré la faire par préciput, toute libéralité par un partage d'ascendant étant de plein droit dispensée du rapport (1). — Si la clause de préciput a pour objet la différence en valeur pouvant exister entre les lots indistinctement, *supra* n° 60, la nullité ou la rescision du partage entraîne celle de ces avantages; car, faite pour assurer l'exécution du partage, elle doit tomber avec lui (2). — Il appartient d'ailleurs souverainement aux tribunaux de rechercher l'intention de l'ascendant et d'annuler la disposition, à titre de dépendance du partage, même lorsque le bénéficiaire est un non successible (3).

§ 3. *Confirmation de l'acte annulable ou rescindable.*

206. Epoque. — L'acte sujet à nullité ou à rescision ne peut être ratifié du vivant de l'ascendant donateur, puisque l'action ne s'ouvre qu'à son décès; mais à partir du jour de son décès, la ratification qui intervient est opposable aux enfants. La ratification est expresse ou tacite.

207. Capacité. — Que la ratification soit expresse ou tacite, il faut que celui qui ratifie ait capacité pour s'obliger; ainsi la femme dotale, avec constitution en dot de ses biens à venir, ne saurait confirmer le partage entaché de lésion à son préjudice (4).

Aux termes d'un acte reçu par Me....., notaire à....., le....., M. GILLET (Edouard) a fait le partage anticipé de ses biens immeubles entre les comparants, ses trois enfants.

Le premier lot, attribué à M. GILLET (Louis-Noël), a été composé de : 1°.....; 2°.....; 3°.....; etc.

Le second lot, attribué à Mme BLIN, a été composé de : 1°.....; 2°.....; etc.

Le troisième lot, attribué à M. GILLET (Arthur-Ernest), a été composé de : 1°.....; 2°.....; 3°.....; etc.

Après le décès de M. GILLET, donateur, M. et Mme BLIN ont prétendu que le lot attribué à Mme BLIN présentait une lésion de plus du quart, et ont fait l'estimation des biens compris dans les lots.

Il est résulté de cette estimation faite par eux que les lots sont d'une valeur :

Le premier lot de 15,600 fr., ci	15,600 »
Le second lot, de 10,100 fr., ci	10,100 »
Le troisième lot, de 15,400 fr., ci	15,400 »
Ensemble	41,100 »
Dont le tiers est de	13,700 »
Le lot de Mme BLIN étant seulement de	10,100 »
Cette dame éprouverait une lésion de	3,600 »

Représentant plus du quart de ses droits, étant de 3,475 francs.

M. et Mme BLIN étaient sur le point d'intenter contre MM. LAMARE une action en rescision du partage, pour cause de lésion du plus du quart. MM. LAMARE ont soutenu que les lots étaient d'une valeur autre que celle alléguée par M. et Mme BLIN et, du consentement de toutes les parties, une expertise amiable et contradictoire a été faite entre les comparants.

Il en est résulté que les lots sont d'une valeur :

Le premier lot, de 13,800 fr., ci	13,800 »
Le second, de 10,700 fr., ci	10,700 »
Le troisième, de 13,300 fr., ci	13,300 »
Ensemble	37,800 »
Dont le tiers est de	12,600 »

De sorte que l'écart n'est que de 1,900 fr., inférieurs de beaucoup au tiers des droits.

(1) Demolombe, XXIII, 241; Toullier, V, 812; Troplong, 2230; Aubry et Rau, § 728-12; Bordeaux, 2 mars 1832; Cass., 21 novembre 1833; Besançon, 16 janvier 1846; Cass., 2 décembre 1847.

(2) Demolombe, XXIII, 242; Aubry et Rau, § 728-13; Caen, 17 décembre 1858; Cass., 3 juin 1863.

(3) Demolombe, XXIII, 243; Rouen, 9 mai 1855; Aubry et Rau, § 732-10; Demolombe, XXIII, 226; Agen, 28 février 1849, 29 novembre 1852; Bordeaux, 23 mars 1853; Agen, 28 mai 1850.

(4) Aubry et Rau, § 734-28; Laurent, XV, 133; Réquier, 249; Cass., 2 juillet 1866; Limoges, 14 janvier 1887; Rép. Defrénois, 3926.

208. Ratification expresse. — L'acte de confirmation expresse, suivant l'art. 1338 C. civ., doit contenir la substance de l'acte entaché de vice, la mention du motif de l'action en rescision et l'intention de réparer le vice dont l'acte est affecté (1).

209. Ratification tacite. — La ratification tacite est celle qui résulte de l'exécution volontaire de l'acte après le décès de l'ascendant : il faut, pour qu'elle entraîne confirmation, que les actes d'exécution aient eu lieu en connaissance des vices de l'acte et avec intention de le réparer (2). Il y a ratification tacite quand l'enfant reçoit de son copartageant ou lui paye une somme à titre de soulte, ou lui cède ses droits (3) ; — mais l'aliénation de tout ou partie de son lot, à plus forte raison celle antérieure au décès (4), n'y ferait pas obstacle (5), à moins que ce ne soit en connaissant son droit d'attaquer le partage, par exemple si c'est après que l'action en rescision a été formée (6).

210. Testament confirmatif. — Le testament dont l'objet serait de confirmer un partage entre vifs nul pour défaut d'acceptation, serait dépourvu d'effets comme frappé de la même nullité (7). Voir cependant *supra* n° 121.

211. Atteinte à la réserve. — La confirmation expresse ou tacite du partage par l'enfant non pourvu de sa réserve, du vivant du testateur, n'emporte pas renonciation de sa part à l'action en réduction (8). Mais il peut le confirmer, après le décès de l'ascendant, à la condition que ce soit avec connaissance du vice et l'intention de le réparer (9) [Form. 34].

Ces faits exposés, les comparants ont reconnu que le partage anticipé ci-dessus énoncé est régulier, le lot de Mme Blix ne souffrant pas une lésion du quart.

En conséquence, les comparants et M. et Mme Blix spécialement, déclarent approuver, confirmer et ratifier le partage anticipé fait par M. Gillet (Edouard), leur père, aux termes de l'acte du..... sus-énoncé, voulant qu'il reçoive sa pleine et entière exécution selon sa forme et teneur.

Mention des présentes est consentie pour avoir lieu sur toutes pièces où besoin sera.

Dont acte. Fait et passé, etc.

Enregistrement. — Droit fixe 3 fr. (Loi 22 frim. an VII, art. 68, § 1er, n° 38). Il n'est dû qu'un seul droit.

FORMULE 36. — Ratification d'un partage anticipé par une femme dotale devenue veuve ; cas de la formule 17 (N° 211).

Par devant M^e.....,

    A comparu :

Mme Selix (Charlotte-Augustine), veuve de M. Maillard (Joseph-Antoine), propriétaire, demeurant à.....,

Laquelle, pour arriver à la ratification faisant l'objet des présentes, a exposé ce qui suit :

Aux termes d'un acte reçu par M^e....., notaire soussigné, en présence de témoins, le....., Mme veuve Maillard comparante et son défunt mari ont fait le partage anticipé de leurs biens entre leurs quatre enfants : 1° M. Maillard (Jacques-Louis), carrossier, demeurant à.....; 2° Mme Maillard (Marie-Clara), épouse de M. Jean-Charles Vincent, cultivateur, avec lequel elle demeure à.....; 3° Mlle Maillard (Eugénie-Louise) ; 4° et M. Maillard (Octave-Marius) ; ces deux derniers encore mineurs.

Mme veuve Maillard comparante a compris dans ce partage anticipé ses immeubles dotaux qui, aux termes de son contrat de mariage reçu par M^e....., notaire à....., le....... n'étaient aliénables qu'à la condition de remploi. Ces immeubles dotaux sont entrés : Une pièce de terre, située....., dans le lot attribué à M. Maillard (Jacques-Louis) ; un verger, situé....., dans le lot attribué à

---

(1) Angers, 23 janvier 1862.
(2) Agen, 28 mai 1850.
(3) Aubry et Rau, § 732-10 ; Demolombe, XXIII, 226 ; Agen, 28 février 1849, 29 novembre 1852 ; Bordeaux, 23 mars 1853 ; Cass., 22 février 1854, 30 novembre 1868, 15 mai 1877 ; Lyon, 6 mai 1874 ; Toulouse, 26 juillet 1878.
(4) Cass., 6 février 1860, 9 juillet 1872 ; Agen, 1er juin 1864 ; Bourges, 22 décembre 1879 ; Toulouse, 19 mai 1885 ; Rép. Defrénois, 3051.
(5) Demolombe, XXIII, 226 ; Aubry et Rau, § 734-26 ; Bordeaux, 26 juillet 1838, 30 juillet 1849 ; Nîmes, 22 avril 1858 ; Poitiers, 3 mars 1862 ; Bourges, 22 décembre 1870 ; Cass., 18 février 1851, 9 mai 1855.
(6) Aubry et Rau, § 734-29 ; Réquier, 247 ; Bonnet, 667 ; Cass., 22 janvier 1833.
(7) Dijon, 26 novembre 1886 ; Rép. Defrénois, 3510. Voir aussi Cass., 5 juillet 1858, 10 juillet 1860.
(8) Laurent, XV, 139 ; Montpellier, 23 décembre 1846 ; Caen, 31 janvier 1848 ; Agen, 28 mai 1850. Voir cep. Demolombe, XXIII, 189.
(9) Cass., 31 janvier 1833,

212. Lésion. — La ratification expresse ou tacite du vice résultant de la lésion ne peut être valablement consentie du vivant de l'ascendant (1). Mais elle est valable si elle a lieu en connaissance de cause après son décès [Form. 35].

213. Omission d'enfant. — Les enfants omis peuvent empêcher un nouveau partage en ratifiant expressément ou tacitement le partage anticipé (2).

214. Femme dotale. — La femme dotale devenue veuve, ou ses héritiers et représentants après son décès, ont le droit de ratifier le partage anticipé de ses biens dotaux qu'elle a fait entre ses enfants (3), *supra* n° 118 [Form. 36].

215. Transaction. — La transaction intervenue entre les enfants du vivant de l'ascendant, sur les vices dont le partage anticipé est infecté, n'emporte pas confirmation; mais elle peut avoir lieu valablement après son décès (4).

§ 4. *Prescription contre l'action en nullité ou rescision.*

216. Partage entre vifs. — La prescription contre les actions en nullité ou rescision est de dix ans, conformément à l'article 1304 applicable aux conventions, s'il s'agit d'un partage anticipé entre vifs (5).

217. Partage testamentaire. — Mais de trente ans, en vertu de l'art. 2262, à l'égard du partage testamentaire, puisqu'il ne constitue pas une convention (6).

218. Défaut de consentement. — L'action en nullité pour défaut de consentement de la part de l'un des enfants se prescrit par trente ans (7).

219. Omission d'enfant. — La prescription contre l'action en nullité pour omission d'enfant et de demande d'un nouveau partage, *infra* n° 248, est de trente ans (8).

220. Action en réduction. — Elle est également de trente ans s'il s'agit d'une action en réduction pour atteinte à la réserve (9).

221. Point de départ. — C'est du jour où l'action se trouve ouverte, *supra* n° 191, c'est-à-dire à partir du décès de l'ascendant, que la prescription court (10) et du jour du

---

Mme VINCENT; une pièce de terre, située....., dans le lot attribué à Mlle MAILLARD, et une vigne, située....., dans le lot attribué à M. MAILLARD (Octave-Marius).

Les immeubles dotaux de Mme veuve MAILLARD ayant été, par la donation qu'elle en a faite, aliénés en dehors des cas permis par son contrat de mariage, Mme veuve MAILLARD à l'action en révocation.

Mais ayant la volonté que le partage anticipé, fait par son mari et elle, produise tout son effet,

Elle déclare que connaissant parfaitement le vice de la dotalité dont il est affecté à l'égard des immeubles qu'elle y a fait entrer et entendant réparer ce vice,

Elle approuve, confirme et ratifie purement et simplement, par ces présentes, le partage anticipé sus-énoncé, voulant qu'il produise tous ses effets et reçoive sa pleine et entière exécution de la même manière que si elle l'avait consenti avec la capacité d'aliéner les immeubles dotaux qu'elle y a compris.

En conséquence, elle renonce formellement à l'attaquer pour la cause de dotalité sus-exprimée.

Mention des présentes est consentie pour avoir lieu sur toutes pièces où besoin sera.

DONT ACTE. Fait et passé, etc.

ENREGISTREMENT. — Même droit fixe de 3 fr.

---

(1) Demolombe, XXIII, 225; Aubry et Rau, § 732-10 et 734-26; Marcadé, 1304-2; Réquier, 243; Bonnet, 655; Laurent, XV, 70; Cass., 22 février 1854, 6 février 1860, 30 novembre 1868, 9 juillet 1872; Chambéry, 23 juillet 1873; Bordeaux, 8 mai 1878.
(2) Bastia, 24 avril 1854.
(3) Rodière et Pont, 1709, 1882; Troplong, 3565; Aubry et Rau, § 537-36; Laurent, XXIII, 510; Cass., 11 juillet 1859.
(4) Cass., 6 février 1860, 9 juillet 1872. CONTRA : Laurent, XV, 135.
(5) Demolombe, XXIII, 231 bis; Aubry et Rau, § 734-21; Laurent, XV, 70, 114.

(6) Demolombe, XXIII, 215, 217; Troplong, 2331; Aubry et Rau, § 732-9 et 734-22; Demante, IV, 247 bis-8; Réquier, 229; Bonnet, 216; Laurent, XV, 70-114; Cass., 25 novembre 1857, 22 janvier 1872. CONTRA : Genty, p. 329; Duranton, IX, 646.
(7) Rennes, 19 mai 1884; Rép. Defrénois, 2198.
(8) Demolombe, XXIII, 217; Laurent, XV, 90; Aubry et Rau, § 730-14; Troplong, 2322; Genty, p. 301. Voir Cass., 11 juillet 1866.
(9) Demolombe, XXIII, 231 bis-168; Aubry et Rau, § 732-8.
(10) Demolombe, XXIII, 225; Aubry et Rau, § 732-8; et 734-20; Lyon, 30 août 1848; Cass., 28 février 1855, 7 janvier 1863.

décès du survivant si le partage a été fait collectivement par le père et la mère (1), ou cumulativement par le survivant.

222. Biens dotaux. — Toutefois, s'il s'agit d'une action en nullité de la donation en ce qu'elle comprenait des biens dotaux de la femme et que celle-ci prédécède, la prescription, qui est de dix ans (2), court du jour du décès de la mère (3).

SECTION II. — Action en rescision pour lésion.

223. Lésion du quart. — Le partage fait par l'ascendant, afin que l'égalité règne entre les copartagés, peut être attaqué pour cause de lésion de plus du quart (C. civ., 1079) dans l'un des lots, quand même l'enfant aurait plus que sa réserve. Exemple : deux enfants, 36,000 fr. partagés, dont moitié est de 18,000 fr., l'abandonnataire d'un lot de 13,000 fr. peut faire rescinder le partage, quoiqu'il ait plus que sa réserve étant de 12,000 fr.

224. Exercice du droit. — Celui qui éprouve la lésion a le droit de former l'action en rescision pour lésion, il importe peu qu'il ait été présent au partage anticipé et l'ait accepté (4) ; quant aux copartagés lésés de moins du quart, ils ne le peuvent pas (5).

225. Extension. — La rescision prononcée à la demande d'un enfant lésé de plus du quart, profite à tous les enfants, par conséquent à celui lésé de moins du quart (6), comme aussi à celui dont la demande personnelle en rescision a été rejetée pour cause de ratification (7).

226. Seul enfant loti. — L'action en rescision est recevable alors même que la totalité des biens a été attribuée à l'un des enfants, à la charge de soultes et d'une rente viagère à servir aux donateurs (8), la stipulation d'une rente viagère n'ayant pas pour effet d'attribuer au partage le caractère d'un contrat aléatoire (9).

227. Biens partagés. — Pour apprécier s'il y a eu lésion, il faut avoir égard seulement aux biens compris dans le partage d'ascendant et non pas à la masse des biens formée au décès de l'ascendant. Ainsi, un père ayant deux enfants et une masse de biens de

---

FORMULE 37. — Lésion dans le partage anticipé réparée par une attribution de biens (Nos 223 à 237).

Par devant Me.....,

 Ont comparu :

M. Leflot (Jacques-Émile), marchand de laines, demeurant à.....;

Et M. Marais (Charles-Alphonse), grainetier, et Mme Leflot (Ernestine-Julia), son épouse, de lui autorisée, demeurant ensemble à.....;

 M. Leflot et Mme Marais, seuls héritiers, chacun pour moitié, de M. Leflot (Arsène), en son vivant cultivateur, et Mme Quenin (Henriette), son épouse, demeurant à....., où ils sont décédés, le mari le....., et la femme le.....; ainsi que le constate un acte de notoriété, à défaut d'inventaire, reçu par Me....., notaire soussigné, le.....

Lesquels, pour arriver à l'attribution supplémentaire faisant l'objet des présentes, ont exposé ce qui suit :

 Par acte passé devant Me....., notaire soussigné, en présence de témoins, le....., M. et Mme Leflot, père et mère, ont fait le partage anticipé de leurs biens entre leurs deux enfants comparants.

 Après le décès de Mme veuve Leflot, épouse survivante, M. et Mme Marais ont prétendu que le lot

---

(1) Troplong, 2331 ; Demolombe, XXIII, 220 ; Aubry et Rau, § 734-20 ; Orléans, 17 janvier 1851 ; Bordeaux, 22 février 1858, 28 avril 1875, 8 mai 1878 ; Montpellier, 17 août 1869 ; Cass., 28 février 1855, 2 janvier et 8 juin 1867, 11 juin et 9 juillet 1872, 27 juillet 1874 ; Toulouse, 26 juillet 1878 ; Bourges, 22 décembre 1879 ; Rennes, 19 mai 1884 ; Rép. Defrénois, 2198. Contra : Duranton, IX, 646 ; Demante, IV, 247 bis-12 ; Larombière, 1304-41 à 43 ; Cass., 12 juillet 1835 ; Bordeaux, 23 décembre 1845 ; Douai, 24 janvier 1846 ; Montpellier, 23 décembre 1846,
(2) Cass., 25 février 1878.
(3) Rouen, 14 mars 1864 ; Cass., 29 janvier 1866. Contra : Demolombe, XXIII, 228 ; Genty, p. 207.

(4) Duranton, IX, 645 ; Troplong, 2336 ; Massé et Vergé, § 511-15 ; Aubry et Rau, § 734-24 ; Cass., 26 juin 1846, 2 juillet 1866, 15 juin 1867.
(5) Duranton, IX, 648 ; Aubry et Rau, § 734-4 ; Cass., 30 juin 1852.
(6) Demolombe, XXIII, 175 ; Duranton, IX, 548 ; Aubry et Rau, § 734-4 ; Laurent, XV, 128 ; Réquier, 172 ; Bonnet, 566 ; Cass., 30 juin 1852.
(7) Cass., 6 août 1884 ; Rép. Defrénois, 3031.
(8) Cass., 24 octobre 1888 ; Rép. Defrénois, 4820.
(9) Agen, 21 janvier 1836.

36,000 fr. a donné la quotité disponible, soit 12,000 fr. à un enfant ou un étranger, puis a partagé entre ses deux enfants les 24,000 fr. de surplus, soit 12,000 fr. pour chacun; si un lot est de 9,200 fr. et l'autre de 14,800 fr., l'enfant à qui est attribué le lot le moins fort ne peut demander la rescision puisque la lésion n'est que de 2,800 fr., par conséquent moins du quart (1). Mais si l'avantagé est un enfant, il a l'action en réduction quand cet avantage est plus grand que la loi ne le permet, *infra* nos 252 et 257.

228. Lot le moins fort. — Cette règle est applicable même quand la libéralité antérieure au partage d'ascendant a été faite à l'enfant dont le lot est le moins fort, et quoique celui-ci conserve encore plus que sa part héréditaire entière (2).

229. Préciput. — Si la libéralité portant sur la quotité disponible a été faite par le partage d'ascendant même à l'enfant qui, par le partage du surplus, se trouve lésé de plus du quart, l'acte doit être considéré comme indivisible, la clause du préciput en étant une stipulation accessoire, et si cet enfant demande la rescision, la nullité atteint l'acte dans son entier (3).

230. Qualité d'héritier. — L'action en rescision pour lésion, même à l'égard du partage entre vifs, n'est admissible qu'autant que les enfants viennent à la succession, puisque, en cas de prédécès sans enfant ou de renonciation, ils n'ont été que de simples donataires (4).

231. Plusieurs partages. — Si l'ascendant a fait plusieurs partages partiels et successifs entre vifs ou testamentaires, l'action en rescision pour lésion n'est pas admissible contre l'un ou quelques-uns de ces partages; elle doit être formée contre tous les actes réunis et n'est admissible que si la lésion du quart existe sur l'ensemble des biens compris dans tous les partages (5).

---

attribué à Mme MARAIS était de beaucoup inférieur à celui attribué à M. LEFLOT, et que cette infériorité donnait lieu à une lésion de plus du quart, de nature à entraîner la rescision du partage anticipé.

Ils étaient sur le point de former une action en rescision du partage anticipé pour cause de lésion, et M. LEFLOT, dans le but d'éviter l'instance, a proposé à M. et Mme MARAIS de faire une estimation contradictoire des biens entrés dans chacun des lots, afin, si la lésion est reconnue, qu'elle puisse être réparée.

Ils ont fait appel, pour cette estimation, à l'expérience de personnes compétentes par leur connaissance de la valeur des biens, et ils ont pu fixer, ainsi qu'il suit, l'estimation des biens entrés dans chaque lot.

Les biens compris dans le partage anticipé ont été évalués en totalité à une somme de seize mille huit cents francs, ci . . . . 16,800 »

Dont la moitié est de huit mille quatre cents francs, ci . . . . 8,400 »

Le lot attribué à M. LEFLOT fils a été composé de :

1o Une maison, située à....., estimée deux mille trois cents francs, ci . . . . . 2,300 »

2o Une pièce de terre, située à....., contenant....., estimée quinze cent vingt fr., ci. 1,520 »

3o Une autre, située à....., contenant....., estimée deux mille six cents francs, ci . 2,600 »

4o Un enclos, entouré de murs et haies, planté d'arbres fruitiers, situé à.....,
contenant....., estimé trois mille six cents francs, ci . . . . 3,600 »

5o Une prairie, située à....., contenant....., estimée douze cents francs, ci . . . 1,200 »

Ensemble pour la valeur de son lot . . . . 11,220 »

Soit en plus que sa moitié étant de . . . . 8,400 »

Une somme de deux mille huit cent vingt francs, ci . . . . 2,820 »

---

(1) Demolombe, XXIII, 176; Duranton, IX, 648; Aubry et Rau, § 734-6; Demante, IV, 247 bis-1; Laurent, XV, 107; Genty, p. 305; Réquier, 175; Agen, 14 mai 1851; Cass., 20 décembre 1847. 30 juin 1852, 17 août 1863.

(2) Demolombe, XXIII, 177; Toullier, V, 810; Aubry et Rau, § 734-8; Genty, p. 306; Grenoble, 8 mai 1835; Caen, 21 mars 1838; Cass., 30 juin 1852; Toulouse, 10 juillet 1862; Nimes, 8 novembre 1864; Bordeaux, 27 décembre 1869.

(3) Demolombe, XXIII, 177; Aubry et Rau, § 734-9. CONTRA : Montpellier, 5 juillet 1853.

(4) Demolombe, XXIII, 178; Aubry et Rau, § 734-5; Genty, p. 305; Réquier, 181; Bonnet, 522.

(5) Demolombe, XXIII, 179; Troplong, 2238; Massé et Vergé, § 511-5; Aubry et Rau, § 734-10; Laurent, XV, 108; Réquier, 176; Bonnet, 571; Cass., 27 avril 1841, 18 décembre 1854.

232. Lésion réparée. — La rescision ne doit pas être prononcée quand la lésion peut être réparée par le partage des biens indivis que l'ascendant laisse à son décès (1) [FORM. 37].

233. Supplément fourni. — Le défendeur à l'action en rescision peut en arrêter le cours et empêcher un nouveau partage en offrant et en fournissant au demandeur, conformément à l'art. 892 C. civ., le supplément de sa portion héréditaire, soit en numéraire, soit en nature, le partage étant considéré comme ayant eu lieu au nom des enfants (2). Les juges ne pourraient ordonner que le supplément sera fourni, si le défendeur n'en fait pas l'offre (3).

234. Époque d'estimation. — Pour apprécier s'il y a eu lésion, on doit estimer les biens : en ce qui concerne le partage testamentaire, suivant leur état et leur valeur au jour du décès de l'ascendant, le partage ne produisant d'effet qu'à cette époque (4); — et à l'égard du partage d'ascendant entre vifs, suivant leur état à l'époque du partage et leur valeur au jour du décès de l'ascendant, l'action en rescision n'étant ouverte qu'à cette époque (5), *supra* nº 191; ce qui s'applique non seulement aux biens immeubles, mais aussi aux biens meubles (6). Si le partage a été fait collectivement par le père et la mère, *supra* nº 101, ou cumulativement par le survivant des époux, *supra* nº 131, c'est à l'époque du décès du survivant (7). — Toutefois, dans tous les cas, si le partage a été fait séparément entre les enfants, c'est leur valeur à l'époque du partage qui doit être prise en considération, puisque l'action en rescision est ouverte dès ce moment, *supra* nº 191.

235. Valeur intrinsèque. — On doit considérer seulement la valeur intrinsèque des immeubles, sans y comprendre le droit d'enregistrement des soultes qui constitue une charge personnelle du copartageant débiteur (8).

Quant au lot de Mme MARAIS, il a été composé de :

1º Un verger, situé à....., enclos de murs, contenant....., estimé deux mille cent quatre-vingts francs, ci 2,180   »

2º Une pièce de terre en labour, située....., contenant....., estimée onze cents fr., ci   1,100   »

3º Une autre, située....., contenant....., estimée quatorze cents francs, ci. . . .   1,400   »

4º Et une vigne, située à....., contenant....., estimée neuf cents francs, ci . . .   900   »

Ensemble pour le lot de Mme MARAIS, cinq mille cinq cent quatre-vingts francs, ci.   5,580   »

Soit en moins que sa moitié étant de.   8,400   »

Une pareille somme de deux mille huit cent vingt francs, inférieure au quart de ses droits, ci   2,820   »

Ces faits exposés, M. LEFLOT fils et M. et Mme MARAIS voulant réparer le vice résultant de cette lésion, ont déclaré qu'il dépend encore des successions de M. et Mme LEFLOT, père et mère, comme n'ayant pas été compris dans le partage anticipé sus-énoncé, les immeubles dont la désignation suit :

1º Une pièce de terre, située....., etc., estimée quinze cents francs, ci.   1,500   »

2º Une prairie, située....., estimée quatorze cents francs, ci   1,400   »

Ensemble, deux mille neuf cents francs, ci   2,900   »

Pour réparer la lésion ci-dessus fixée, M. LEFLOT fils cède et abandonne à titre de partage afin d'attribution supplémentaire et la remplir du déficit existant dans son lot,

A Mme MARAIS, qui accepte avec l'autorisation de son mari,

---

(1) Demolombe, XXIII, 180; Aubry et Rau, § 734-16; Cass., 17 août 1863, 29 août 1864.

(2) Demolombe, XXIII, 181; Toullier, V, 804; Duranton, IX, 651; Troplong, 2337; Aubry et Rau, § 734-18; Laurent, XV, 126; Réquier, 133; Bonnet, 590; Toulouse, 11 juin 1836; Cass., 10 novembre 1847, 21 août 1848, 25 février 1856. CONTRA : Toulouse, 21 août 1833.

(3) Demolombe, XXIII, 184; Duranton, IX, 651.

(4) Demolombe, XXIII, 182.

(5) Demolombe, XXIII, 221; Troplong, 2331; Aubry et Rau, § 734-16; Genty, p. 348; Bonnet, 633; Cass., 30 juin 1847, 3 août 1848, 16 juillet 1849, 18 février 1851, 14 juillet 1852, 31 janvier 1853, 19 décembre 1859, 4 juin 1862 28 juin et 29 août 1864, 18 juin 1867, 24 juin 1868, 25 août 1869; Angers. 13 mars 1867; Bourges, 22 décembre 1879; Limoges, 3 décembre 1868, 14 janvier 1887; Rép. Defrénois, 4017. CONTRA : Réquier, 187; Laurent, XV, 119-123; Nîmes, 24 décembre 1840; Orléans, 27 décembre 1856; Rennes, 18 août 1860; Agen, 7 juin et 11 juillet 1861, 31 décembre 1868.

(6) Aubry et Rau, § 734-13; Bonnet, 649; Cass., 16 décembre 1878. CONTRA : Demolombe, XXIII, 222; Genty, 326.

(7) Cass., 13 mai 1876; Bordeaux, 8 mai 1878.

(8) Cass., 12 mai 1875.

236. Tiers; légataire. — La rescision ne concerne que les enfants entre eux et non les tiers donataires ou légataires de la quotité disponible par l'acte même de partage ou par un acte séparé; à leur égard, c'est l'action en réduction qui subsiste (1).

237. Enfant renonçant. — Cette règle serait aussi applicable à l'enfant qui renoncerait à la succession pour s'en tenir au don ou au legs (2).

SECTION III. — Actions en nullité.

§ 1. Lotissement.

238. Renvoi. — On a vu *supra* n° 48, que le partage peut être attaqué et la nullité prononcée, si, quand cela se peut, l'ascendant donateur n'a pas fait entrer dans chaque lot la même quantité de meubles, d'immeubles, de droits ou de créances de même nature et valeur. Nous y renvoyons.

§ 2. Enfants omis.

239. Enfants exceptés. — Si le partage n'a pas été fait entre tous les enfants existant à l'époque du décès et les descendants de deux prédécédés, le partage est nul pour le

---

La pièce de terre et la prairie qui viennent d'être désignées.

Mme MARAIS est propriétaire de ces immeubles à partir, par rétroaction, des décès de ses père et mère, elle en aura la jouissance à compter de ce jour.

Elle prend ces immeubles dans l'état où ils se trouvent, etc.

Elle en acquittera les impôts à partir du.....

Elle supportera les servitudes passives, etc.

Les comparants déclarent qu'en dehors de ces immeubles il ne se trouvait plus dans les successions de leurs père et mère qu'un mobilier d'une valeur, après déduction des dettes courantes et des frais d'inhumation et de dernière maladie, d'une somme de six cent trente francs, dont ils ont fait le partage amiable entre eux, soit pour chacun trois cent quinze francs.

Au moyen des présentes, les successions de M. et Mme LEFLOT, père et mère, se trouvent définitivement réglées et partagées, et les comparants déclarent qu'il ne peut plus y avoir lieu entre eux à aucune réclamation pour quelque cause que ce soit.

Les frais des présentes seront supportés par M. LEFLOT et Mme MARAIS, chacun pour moitié.

Pour leur exécution, domicile est élu à....., en l'étude de M^e....., notaire soussigné.

DONT ACTE. Fait et passé, etc.

ENREGISTREMENT. — Droit gradué de 5 fr.

FORMULE 38. — Attribution à un enfant omis pour l'égaliser avec les autres enfants.

PAR DEVANT M^e.....,

    ONT COMPARU :

M. BEAURAIN (Charles-Alfred), charcutier, demeurant à.....;

M. BEAURAIN (Louis-Éloi), menuisier, demeurant à.....;

Et Mlle BEAURAIN (Jenny), majeure, célibataire, demeurant à.....;

    Héritiers, chacun pour un tiers, de M. BEAURAIN (Hyacinthe), ancien bourrelier, et Mme CLERC (Augustine), leurs père et mère, en leur vivant demeurant à....., où ils sont décédés, le mari le....., et la femme le.....; ainsi que le constate un acte de notoriété à défaut d'inventaire, reçu par M^e....., notaire à....., le.....

Lesquels, pour arriver à l'attribution à titre de partage, faisant l'objet des présentes, ont exposé ce qui suit :

Aux termes d'un acte reçu par M^e....., notaire à....., en présence de témoins, le....., M. et Mme BEAURAIN, père et mère, ont fait le partage anticipé de leurs biens, entre leurs deux enfants existant alors et leurs seuls présomptifs héritiers chacun pour moitié, MM. BEAURAIN comparants.

Depuis, il leur est né un troisième enfant, Mlle BEAURAIN comparante.

---

(1) Demolombe, XXIII, 185, 186. | (2) Demolombe, XXIII, 187.

tout. Il en peut être provoqué un nouveau dans la forme légale, soit par les enfants et descendants qui n'y ont eu aucune part, soit même par ceux entre qui le partage a été fait (C. civ., 1078). En effet, le partage d'ascendant remplaçant celui qui devrait être fait au décès, il n'a de valeur qu'autant qu'il a été opéré entre tous les successibles.

240. Enfant apportionné. — L'omission d'un enfant entraîne la nullité du partage, même lorsque la portion disponible a été réservée par le donateur pour appartenir à cet enfant et qu'il lui en a été fait en suite donation par préciput (1).

241. Division ultérieure. — Porte fort. — La nullité pour omission d'un enfant est encourue, même lorsque la division par lots entre les enfants a été faite par un acte ultérieur; toutefois si l'ascendant s'est porté fort pour l'enfant omis avec promesse de ratification, les héritiers de cet enfant sont non recevables à demander la nullité s'ils sont en même temps héritiers de l'ascendant (2).

242. Biens du conjoint prédécédé. — Si l'acte comprend la donation à titre de partage anticipé par l'époux survivant et le partage, en une seule masse, par le même acte, tant des biens donnés que de ceux provenus de la succession du conjoint prédécédé, l'opération constitue pour le tout un partage d'ascendant annulable pour survenance d'enfant (3).

Mlle Beaurain n'ayant pas figuré dans le partage anticipé, puisqu'elle n'existait pas lorsqu'il a été consenti, ce partage anticipé était entaché de nullité comme n'ayant pas eu lieu entre tous les enfants existant au décès des donateurs.

Mais comme il existe dans les successions de M. et Mme Beaurain des biens suffisants pour égaliser Mlle Beaurain avec ses frères, elle n'entend pas provoquer un nouveau partage. Elle consent, au contraire, à ce que le partage anticipé ci-dessus énoncé, continue à recevoir son entière exécution, à la condition qu'il soit attribué sur les biens existants au décès, une valeur égale aux biens provenus à ses frères du partage anticipé, suivant leur estimation à ce jour.

MM. Beaurain ayant adhéré à la proposition de leur sœur, il est procédé ainsi qu'il suit au règlement et au partage des successions de M. et Mme Beaurain, père et mère.

Par le partage anticipé sus-énoncé, il a été attribué à MM. Beaurain, savoir :

A M. Beaurain (Charles-Alfred) :

1º Une maison, située à....., consistant, etc. *(désigner)*, estimée deux mille trois cents francs, ci.   2,300   »

2º.....; 3º.....; 4º.....; etc.

Montant de l'estimation à ce jour des biens entrés dans le lot de M. Beaurain (Charles-Alfred), douze mille quatre cents francs, ci   12,400   »

A M. Beaurain (Louis-Éloi) :

1º.....; 2º.....; 3º.....; etc.

(Comme dessus et même estimation), ci.   12,400   »

Pour égaliser Mlle Beaurain avec eux, MM. Beaurain, ses frères, lui cèdent et abandonnent, à titre de partage, ce qu'elle accepte,

Les biens ci-après dépendant des successions de M. et Mme Beaurain, père et mère :

1º Un herbage, enclos de haies, planté de pommiers, situé à....., d'une contenance de....., section B, nº 18 du plan cadastral, tenant, etc., estimé deux mille quatre cents fr., ci   2,400   »

2º Une pièce de terre en labour, située à....., etc., estimée dix-huit cents francs, ci.   1,800   »

3º Une prairie, située à....., etc., estimée trois mille francs, ci   3,000   »

4º Un titre de cent soixante francs de rente sur l'État français, inscrit au nom de Beaurain (Hyacinthe), sous le nº....., de la..... série, avec jouissance du premier janvier dernier. Il représente au cours d'hier, étant de 94 fr. 50, une somme de cinq mille quarante francs, ci   5,040   »

5º Et une somme de cent soixante francs en numéraire, ci   160   »

Somme égale aux lots de chacun de MM. Beaurain, douze mille quatre cents fr., ci.   12,400   »

---

(1) Limoges, 8 mars 1843; Bordeaux, 5 décembre 1848. Voir cep. Bordeaux, 15 février 1842.
(2) Cass., 5 novembre 1877; Lyon, 6 mars 1878.

(3) Cass., 3 juin 1863; Amiens, 15 février 1869; Rouen, 20 décembre 1873.

243. Epoque; héritier. — Il faut s'attacher à l'époque du décès de l'ascendant pour rechercher s'il y a eu omission d'enfant, que le partage soit entre vifs ou testamentaire; ainsi la survenance d'un enfant, même d'un posthume, entraîne la nullité, à la condition, en ce qui le concerne comme à l'égard de l'enfant existant lors de la donation, qu'il vienne à la succession; car, en cas de décès avant son ouverture, de renonciation à la succession ou d'exclusion comme indigne, la nullité n'est pas encourue (1).

244. Enfants, descendants. — Les enfants dont l'omission entraîne la nullité du partage sont tous ceux qui ont une part dans l'hérédité, qu'ils soient légitimes, adoptifs ou naturels, même quand la reconnaissance est postérieure au décès (2). A l'égard des descendants de ceux prédécédés, il est indifférent qu'ils viennent à la succession par représentation ou de leur chef, par suite de renonciation (3).

245. Souche. — Si un père, en faisant le partage entre ses enfants et les descendants d'un enfant prédécédé, omet l'un de ceux-ci, la nullité n'existe qu'à l'égard des descendants pour le lot à eux échu et non en ce qui concerne les enfants (4).

246. Parts erronées. — Quand le partage est opéré entre tous les enfants, mais

---

CONDITIONS.

1º Mlle BEAURAIN a la pleine propriété des biens et somme à elle attribués, à compter par rétroaction, des décès de M. et Mme BEAURAIN, père et mère, et la jouissance à compter de ce jour.

M^e....., notaire soussigné, délivrera, ainsi qu'il en est requis, le certificat de propriété, pour faire immatriculer la rente sur l'Etat au nom de Mlle BEAURAIN.

Mlle BEAURAIN se reconnaît en possession des 160 fr. de numéraire à elle attribués.

2º Mlle BEAURAIN prendra les immeubles à elle attribués avec leurs dépendances, sans aucune exception ni réserve; comme aussi sans garantie de la mesure exprimée, dont la différence en plus ou en moins sera à son profit ou à sa perte.

3º Elle acquittera les impôts, etc.

4º Elle supportera les servitudes passives, etc.

5º Les titres de propriété relatifs aux immeubles attribués à Mlle BEAURAIN lui ont été remis, ainsi qu'elle le reconnaît.

6º Par suite de l'attribution qui vient d'être faite à Mlle BEAURAIN, il ne restait plus dans les successions de M. et Mme BEAURAIN, père et mère, qu'un mobilier dont les comparants déclarent avoir fait amiablement la division par tiers entre eux. Ce mobilier est, déduction faite des dettes courantes et des frais de dernières maladies et d'inhumations, d'une valeur de quinze cent vingt-quatre francs, soit cinq cent huit francs pour chacun des enfants.

7º Les frais des présentes et ceux auxquels elles donneront ouverture seront supportés par les comparants chacun par tiers.

8º Pour l'exécution des présentes, les parties élisent domicile à....., en l'étude de M^e....., notaire soussigné.

DONT ACTE. Fait et passé, etc.

ENREGISTREMENT. — Droit gradué sur 12,400 fr. plus 1,524 fr., soit 20 fr.

FORMULE 39. — Acte de notoriété après le décès des ascendants. — Partage anticipé
entre vifs.

PAR DEVANT M^e....:,

    ONT COMPARU :

M. MARTIN (Désiré), rentier, demeurant à.....;

Et M. BENART (Jacques-Louis), marchand épicier, demeurant à.....;

Lesquels ont, par ces présentes, déclaré avoir parfaitement connu M. LECAIN (Vaast-Antoine), propriétaire, et Mme BELET (Geneviève-Rosalie), son épouse, en leur vivant demeurant à.....

---

(1) Demolombe, XXIII, 160, 161; Duranton. IX, 639, 640; Aubry et Rau, § 730-2 à 4; Demante, IV, 246 bis-1; Laurent, XV, 100; Réquier, 169; Bonnet, 545; Colmar, 28 février 1867.
(2) Demolombe, XXIII, 161 bis; Aubry et Rau, § 730-5; Demante, IV, 246 bis-3; Laurent, XV, 10; Réquier, 161; Bonnet, 547; Angers, 16 juillet 1847. CONTRA : Duranton, IX, 635; Genty, p. 101; Troplong, 2324; Massé et Vergé, § 506-3.
(3) Demolombe, XXIII, 162; Aubry et Rau, § 730-6; Genty, p. 299; Bonnet, 544.
(4) Demolombe, XXIII, 164; Genty, p. 304.

est erroné en ce qui concerne les parts héréditaires; comme si, par exemple, les petits-enfants sont apportionnés comme s'ils étaient des enfants, ou si l'enfant naturel n'a que sa part en cette qualité, alors que l'ascendant l'a ensuite légitimé par mariage, il est frappé d'une cause de nullité (1).

247. Donataire contractuel. — Le donataire contractuel d'une quotité de biens ayant droit au partage, *supra* nº 84, la donation-partage est nulle s'il n'y a pas été compris (2).

248. Action en partage; règlement. — L'omission d'un enfant entraînant une nullité qui n'a pas besoin d'être prononcée, le partage de la succession peut être demandé de même que si le partage anticipé était inexistant, soit par l'enfant omis (3), soit par les autres enfants entre lesquels le partage a été opéré, afin qu'ils fassent cesser leur incertitude sur leur droit de propriété (4). Mais, quand tous les héritiers sont majeurs et maîtres de leurs droits, il leur est loisible de convenir que le partage produira son effet, au moyen d'un règlement entre eux et l'enfant omis [Form. 38].

249. Légataires. — Les légataires de l'ascendant, même par un testament antérieur au partage, ne seraient pas admis à réclamer le partage des biens qu'il comprend (5).

Et ils ont attesté pour vérité et notoriété publique que M. et Mᵐᵉ Lecain sont décédés en leur demeure à..... :

M. Lecain, le.....,
Et Mᵐᵉ veuve Lecain, le.....;
Qu'après leurs décès il n'a pas été fait d'inventaire,
Et qu'ils ont l'un et l'autre laissé pour seuls héritiers :
1º M. Lecain (Jules-Léon), cultivateur, demeurant à.....;
2º Mᵐᵉ Lecain (Rose-Aline), épouse de M. Claude Tabaret, vigneron, avec lequel elle demeure à.....;
    Leurs deux enfants, chacun pour un tiers;
3º M. Lambert (Jean-Jacques), mineur, né à....., le.....;
4º Et Mˡˡᵉ Lambert (Pauline-Elise), née à....., le.....;
    Leurs petits-enfants, pour le dernier tiers, par représentation de Mᵐᵉ Laure-Virginie Lecain, leur mère, décédée à....., le....., épouse de Louis-Auguste Lambert et fille de M. et Mᵐᵉ Lecain.

Que les héritiers de M. et Mᵐᵉ Lecain étant les mêmes que leurs présomptifs héritiers entre lesquels ils ont fait le partage anticipé de leurs biens, suivant acte reçu par Mᵉ....., notaire à....., le....., aucun des enfants et descendants de M. et Mᵐᵉ Lecain n'a été omis dans ce partage qui, à ce moyen, doit recevoir sa pleine et entière exécution.

A l'appui de leur déclaration en ce qui concerne le décès de M. et Mᵐᵉ Lecain, les comparants ont représenté des copies conformes de leurs actes de décès, délivrées par M. le maire de....., lesquelles sont demeurées ci-jointes après que sur chacune d'elles il a été apposé une mention d'annexe.

Dont acte. Fait et passé, etc.

Enregistrement. — Droit fixe 3 fr. (Lois 22 frim. an VII, art. 68, § 1, nº 5 et 28 avril 1816, art. 43, nº 2.)

FORMULE 40. — **Acte de notoriété après le décès d'un ascendant. — Partage testamentaire.**

Par devant Mᵉ.....,
    Ont comparu : *(Mêmes comparutions.)*
Lesquels ont, par ces présentes, déclaré avoir parfaitement connu M. Lamare (Louis-Elie), en son vivant propriétaire, demeurant à.....;
Et ils ont attesté pour vérité et notoriété publique :
Que M. Lamare est décédé en son domicile à....., le.....;
Qu'après son décès il n'a pas été fait d'inventaire;

---

(1) Demolombe, XXIII, 165; Genty, p. 298.
(2) Demolombe, XXIII, 166.
(3) Demolombe, XXIII, 167; Duranton, IX, 643; Troplong, 2525; Aubry et Rau, § 730-9; Laurent, XV, 94.

(4) Demolombe, XXIII, 168; Aubry et Rau, § 730-9 et 14; Laurent, XV, 94; Genty. p. 301; Réquier, 168; Bonnet, 353, 354. Contra : Duranton, IX, 643.
(5) Demolombe, XXIII, 169; Caen, 10 mai 1852.

250. Prédécès; renonciation. — La nullité pour omission d'enfant ni un nouveau partage ne peuvent être provoqués contre ceux auquels un enfant prédécédé a transmis, avec son hérédité, les biens à lui échus par le partage anticipé (1), non plus que contre l'enfant donataire compris au partage qui renonce à la succession, ce qui lui permet de conserver son lot comme donataire (2).

251. Enfants tous compris; acte de notoriété. — Quand tous les enfants et descendants ont été compris dans le partage d'ascendant, il constitue le partage de l'hérédité opposable aux héritiers comme à tous tiers. On justifie de la non omission d'enfant par un acte de notoriété attestant que les héritiers laissés par l'ascendant à son décès sont les mêmes que les présomptifs héritiers entre lesquels le partage anticipé a été opéré, ce qui lui laisse produire tous ses effets [FORM. 39 et 40].

§ 3. Atteinte à la réserve; réduction.

252. Avantage plus grand. — Le partage peut aussi être attaqué quand il résulte des dispositions par préciput et des attributions faites, que l'un des copartagés a

---

Et qu'il a laissé pour seuls héritiers :

1º M. LAMARE (Louis), cultivateur, demeurant à.....;

2º M. LAMARE (Léon), tapissier, demeurant à.....;

 Ses deux enfants issus de son mariage avec Mme....., sa défunte épouse, chacun pour un tiers;

3º Et Mlle LAVILLE (Louise-Eugénie), mineure, née à....., le....., domicilée à....., chez M. LAVILLE, son père;

 Sa petite-fille, pour le dernier tiers, par représentation de Mme Charlotte LAMARE, sa mère décédée, épouse de M. Charles LAVILLE et fille de M. LAMARE de cujus.

Que les héritiers de M. LAMARE étant les mêmes que ses présomptifs héritiers entre lesquels il a fait le partage testamentaire de ses biens, suivant son testament dicté à M^e....., notaire à....., le....., enregistré, aucun des enfants et descendants de M. LAMARE n'a été omis dans ce partage qui, par suite, doit recevoir sa pleine et entière exécution.

A l'appui de leur déclaration en ce qui concerne le décès..... (Comme en la formule précédente.)

DONT ACTE. Fait et passé, etc.

ENREGISTREMENT. — Même droit fixe de 3 fr.

FORMULE 41. — **Règlement quand l'un des copartagés a moins que sa réserve légale** [N°s 252 à 260].

PAR DEVANT M^e.....,

 ONT COMPARU :

1º M. ARNAULT (Louis-Joseph), cultivateur, demeurant à.....;

2º M. SIMON (Augustin), forgeron, et Mme ARNAULT (Noémie), son épouse, de lui autorisée, demeurant ensemble à.....;

 Seuls héritiers, chacun pour moitié, de M. ARNAULT (Gustave), leur père, en son vivant propriétaire, demeurant à....., où il est décédé le.....; ainsi que le constate un acte de notoriété à défaut d'inventaire, reçu par M^e....., notaire soussigné, le.....;

Lesquels, pour arriver au règlement faisant l'objet des présentes, ont exposé ce qui suit :

I. Par le contrat de mariage de Mme SIMON, reçu par M^e....., notaire à....., le....., M. ARNAULT, son père, lui a constitué une dot, par préciput et hors part, composée d'un trousseau d'une valeur de huit cents francs et d'une somme de trois mille deux cents francs en numéraire, le tout livrable et payable le jour du mariage dont la célébration vaudrait quittance.

II. Aux termes d'un acte reçu par M^e....., notaire à....., le....., M. ARNAULT père a fait le partage anticipé de ses biens, sous réserve d'usufruit, entre M. ARNAULT (Louis-Joseph) et Mme SIMON, ses deux enfants.

Il a attribué à M. ARNAULT fils, pour le remplir de ses droits :

1º.....; 2º.....; 3º.....; etc.

---

(1) Demolombe, XXIII, 171; Aubry et Rau, § 730-12; Genty, p. 302. CONTRA : Laurent, XV, 97; Angers, 14 juillet 1847.

(2) Demolombe, XXIII, 170; Aubry et Rau, § 730-13. CONTRA : Caen, 10 mai 1852.

un avantage plus grand que la loi ne le permet (C. civ., 1079). Exemple : Un père ayant un patrimoine de 36,000 francs et deux enfants donne d'abord, par préciput, à l'un de ses enfants, des biens jusqu'à concurrence de 12,000 fr. formant la quotité disponible, puis des 24,000 fr. de surplus, il fait deux lots : l'un de 13,000 fr., qu'il attribue à ce même enfant, et l'autre de 11,000 fr., qu'il attribue au second enfant; celui-ci peut attaquer le partage, en raison de ce que l'autre enfant a reçu 25,000 fr., alors que la quotité disponible et sa réserve ne s'élevaient qu'à 24,000 fr., et quoique la division des biens formant la réserve soit beaucoup moins du quart (1); c'est donc l'action en réduction qui appartient à l'enfant lésé et non l'action en rescision pour lésion, *supra* n° 227. Quant à l'enfant avantagé de la quotité disponible, il ne peut demander la rescision si la lésion par lui éprouvée est moins du quart (2).

253. Nature de l'action. — La demande en un tel cas constitue, non une rescision pour lésion, mais une atteinte à la réserve régie par l'art. 920 du Code civil. — Il s'ensuit : que la demande n'a pas pour objet de faire rescinder le partage, mais seulement de procurer à l'enfant lésé le complément de sa réserve (3); qu'elle ne doit être dirigée que contre

Et Mme Simon, également pour la remplir de ses droits :
1°.....; 2°......; 3°.....; etc.

III. Après le décès de M. Arnault, donateur, M. Arnault fils a prétendu qu'il résultait tant de la constitution de dot par préciput et hors part, faite à Mme Simon, que de l'attribution à son profit contenue dans le partage anticipé sus-énoncé, un avantage excédant la quotité disponible.

Il se préparait à attaquer le partage anticipé pour cette cause. M. et Mme Simon, dans le but d'éviter l'action, ont proposé à M. Arnault de faire une estimation de leurs lots, d'après leur valeur au jour du décès de M. Arnault père, afin de vérifier si, en effet, il a été porté atteinte à sa réserve.

M. Arnault fils ayant acquiescé à cette proposition, il a été fait contradictoirement entre eux l'estimation des biens attribués par le partage anticipé, selon leur valeur au jour du décès de M. Arnault père.

Le lot attribué à M. Arnault fils a été composé de :
1° Une pièce de terre, située....., estimée quinze cents francs, ci . . . .   1,500 »
2°.....; 3°.....; 4°.....; etc.
Montant de l'estimation de ce lot . . . .   5,100 »
Le lot attribué à Mme Simon a été composé de :
1°.....; 2°.....; 3°.....; etc.   »   »
Montant de l'estimation de ce lot. . . . .   8,200 »   8,200 »
Les biens existants au jour du décès de M. Arnault père consistent en :
1° Trois obligations, trois pour cent, de la Cie des chemins de fer de l'Ouest, n°s 1215463 à 1215465, comprises en un certificat n°....., au nom de M. Arnault (Gustave). Elles représentent au cours du jour du décès, étant de 430 francs, une somme de douze cent quatre-vingt-dix francs, ci . . . .   1,290 »
2° Divers meubles et objets mobiliers d'une valeur de trois cents fr., ci   300 »
3° Et une somme de sept cent trente francs, en prorata de revenus et argent, ci . . . .   730 »
Ensemble, deux mille trois cent vingt francs, ci . . . .   2,320 »
Grevés de diverses dettes courantes et frais de dernière maladie et d'inhumation, se montant à six cent quatre-vingts francs, ci . . . . .   680 »
Reste comme valeur partageable. . . . .   1,640 »   1,640 »
En outre, il y a lieu de faire le rapport fictif à la masse, des quatre mille francs, constitués en dot à Mme Simon, ci . . . .   4,000 »
Ensemble pour la masse générale . . . .   19,140 »

(1) Demolombe, XXIII, 188; Aubry et Rau, § 734-36; Réquier, 222; Bonnet, 606; Cass., 20 décembre 1847.
(2) Toulouse, 10 juillet 1862.
(3) Aubry et Rau, § 734-44; Laurent, XV, 142; Réquier, 208; Caen, 31 janvier 1848; Agen, 14 mai 1851; Cass., 24 juillet 1828, 6 juin 1834, 20 décembre 1847, 30 juin 1852, 1er mai 1861, 17 août 1863, 13 juillet 1869. CONTRA : Duranton, IX, 644, 650, 651; Troplong, 2333; Demante, IV. 247 bis-8 et 12; Demolombe, XXIII, 189; Genty, p. 310; Bonnet, 599; Grenoble, 8 mai 1835, 6 mai 1842; Cass., 31 janvier 1853.

l'enfant avantagé au delà de ses droits et non contre les autres copartagés (1) ; que le défendeur ne peut en arrêter le cours par l'offre d'une indemnité pécuniaire, le demandeur ayant droit à un supplément en biens héréditaires (2) [FORM. 41].

254. Double action. — L'action ainsi caractérisée, si l'enfant avantagé avait à la fois une disposition par préciput excédant la quotité disponible et un lot plus fort que celui des autres enfants, il y aurait contre lui deux actions : l'une en réduction, l'autre en rescision du partage (3).

255. Confirmation. — On a vu, *supra* n° 211, que l'action en nullité pour atteinte à la réserve peut être couverte par la ratification.

256. Actes multiples. — Il importe peu que la disposition par préciput et le partage aient été faits par un acte unique ou par deux actes séparés, et que l'un soit entre vifs et l'autre testamentaire (4).

257. Etranger. — L'art. 1079 est inapplicable si la quotité disponible a été donnée

Dont le tiers formant la réserve légale de M. ARNAULT fils, est de	6,380	»
Comme il n'a reçu que.	5,300	»
Il a en moins que sa réserve légale	1,080	»
On a vu ci-dessus que les biens existants au décès, après déduction du passif, sont de	1,640	»
Si l'on en déduit 1,080 fr. que M. ARNAULT fils doit prélever pour le complément de sa réserve	1,080	»
Il reste à partager, cinq cent soixante francs, ci	560	»
Dont moitié pour chaque enfant est de	280	»
Ajoutant cette somme à son complément de réserve pour M. ARNAULT fils . . .	1,080	»
Il a droit au total à treize cent soixante francs, ci	1,360	»
Mme SIMON a droit à deux cent quatre-vingts francs, ci	280	»
Et les dettes à acquitter s'élèvent à six cent quatre-vingts francs, ci	680	»
Somme égale au montant des biens existants au décès.	2,320	»

Pour remplir M. ARNAULT fils de ses droits, M. et Mme SIMON lui attribuent à titre de partage, ce qu'il accepte : . . . . .

1° Les objets mobiliers ci-après *(désigner)*, ensemble d'une valeur de soixante-dix fr.	70	»
2° Et les trois obligations de l'Ouest, pour une valeur de	1,290	»
Somme égale à ses droits.	1,360	»

Pour remplir Mme SIMON de ses droits, M. ARNAULT lui attribue, ce qu'elle accepte avec l'autorisation de son mari :

1° Les objets mobiliers ci-après *(désigner)*, pour	230	»		
2° Et cinquante francs sur le numéraire	50	»		
Somme égale à ses droits	280	»	280	»
Et il est affecté à l'acquit du passif une somme de six cent quatre-vingts francs, sur les deniers comptants et revenus, ci			680	»
Somme égale au montant des biens au décès			2,320	»

Au moyen des présentes, le partage anticipé ci-dessus énoncé conserve tous ses effets, et les comparants se reconnaissent remplis de tous leurs droits dans la succession de leur père, renonçant à exercer aucune réclamation l'un envers l'autre pour quoi que ce soit relativement audit partage anticipé et aux droits dans la succession.

Me....., notaire soussigné, est requis de délivrer l'extrait nécessaire pour faire immatriculer les trois obligations au nom de M. ARNAULT fils.

Les frais des présentes seront supportés par moitié entre M. ARNAULT fils et Mme SIMON.

Mention des présentes est consentie pour avoir lieu sur toutes pièces où besoin sera.

DONT ACTE. Fait et passé, etc.

ENREGISTREMENT. — Droit gradué 5 fr.

(1) Aubry et Rau, § 734-46 ; Agen, 28 mai 1850.
(2) Laurent, XV, 158 ; Cass., 17 août 1863, 16 avril 1873.
(3) Cass., 20 décembre 1847, 3 mars 1855.

(4) Demolombe, XXIII, 194 ; Laurent, XV, 43 ; Aubry et Rau, § 734-41 ; Genty, p. 310 ; Réquier, 220 ; Agen, 14 mai 1851 ; Cass., 30 juin 1852 ; Nîmes, 7 avril 1856.

ou léguée à un étranger ou même à un enfant, si, par le partage de la réserve, il n'a pas plus que sa part, par conséquent, n'a pas un avantage plus grand que celui permis. Dans ces cas, c'est sur la réserve seulement que se calcule la lésion de plus du quart, de sorte que si elle est inférieure au quart, il n'y a pas lieu à rescision (1).

258. Non successible. — Si l'ascendant a compris dans son partage d'ascendant un non successible, un donataire contractuel, par exemple, ou un légataire, ce n'est plus l'action en rescision qui doit être exercée, mais l'action en réduction; peu importe que la lésion soit moins du quart (2).

259. Enfant naturel. — Quand le partage a eu lieu avec un enfant naturel, les autres enfants ont l'action en réduction contre lui si les biens compris dans son attribution excèdent la part qu'il peut recevoir d'après la loi (3).

260. Époque d'estimation. — Les biens, pour décider s'il y a lieu à réduction des avantages, qu'il s'agisse de meubles ou d'immeubles, doivent être estimés d'après leur état et leur valeur au jour du décès de l'ascendant (4).

⎯⎯⎯∘∘◦○◗◶◖○◦∘∘⎯⎯⎯

QUATRIÈME PARTIE

DES DROITS D'ENREGISTREMENT

DIVISION

Sect. I. — *Partage anticipé entre vifs.*

§ 1. Tarification (N°s 261 à 265).
§ 2. Qualités héréditaires (N°s 266 à 272).
§ 3. Biens; division (N°s 273 à 283).
§ 4. Transcription (N°s 284 à 289).
§ 5. Soultes (N°s 290 à 298).
§ 6. Clauses diverses (N°s 299 à 305).

Sect. II. — *Partage testamentaire* (N°s 306 à 309).

⎯⎯⎯⎯⎯⎯⎯

SOMMAIRE ALPHABÉTIQUE

I. *Partage entre vifs.*

(1) Demolombe, XXIII, 195, 196; Duranton, IX, 649; Troplong, 2329; Aubry et Rau, § 734-38 et 40; Demante, IV, 247 bis-3; Genty, p. 307; Réquier, 221; Bonnet, 593; Laurent, XV, 140; Caen, 21 mars 1838; Agen, 14 mai 1851, 1er juin 1868; Montpellier, 5 juillet 1853; Cass., 30 juin 1852; Nîmes, 7 avril 1856. CONTRA : Montpellier, 14 juin 1865.

(2) Demolombe, XXIII, 197; Genty, p. 312.
(3) Demolombe, XXIII, 198; Genty, p. 313.
(4) Demolombe, XXIII, 222; Laurent, XV, 157; Genty, p. 368; Réquier, 226; Cass., 16 juin 1867, 24 juin 1868, 25 août 1869; Agen, 12 décembre 1866, 8 juillet et 31 décembre 1868, 25 avril 1870.

II. *Partage testamentaire.*

SOMMAIRE DES FORMULES

SECTION I. — **Partage anticipé entre vifs.**

§ 1. *Tarification.*

261. Droit. — Les partages faits, par actes entre vifs, conformément aux art. 1075 et 1076 C. civ., par les père et mère ou autres ascendants entre leurs enfants ou descendants légitimes, adoptifs ou naturels (1), sont sujets au droit proportionnel sur les meubles de 1 p. 100 (Lois 16 juin 1824, art. 3, et 18 mai 1850); et sur la valeur en capital des

FORMULE 42. — **Déclarations estimatives pour l'enregistrement dans un partage anticipé entre vifs [Nᵒ 262].**

Pour la perception du droit d'enregistrement, et sans tirer à autre conséquence, les immeubles donnés, tous ruraux, sont évalués à un revenu annuel, impôts compris, de.....

S'ils sont urbains : Pour la perception....., les immeubles donnés, tous urbains, sont évalués à un revenu annuel, impôts compris, de.....

Si les biens sont ruraux et urbains : Pour la perception....., les immeubles donnés sont évalués à un revenu annuel, impôts compris, savoir : ceux articles....., qui sont ruraux, de.....; et ceux articles....., étant urbains, de.....

Si des valeurs mobilières y figurent : La rente de..... francs, trois pour cent, représente au cours d'hier étant de..... une somme capitale de..... — *Ou :* Les..... obligations du Nord représentent au cours d'hier, étant de....., un capital de.....

S'il y a des valeurs non cotées : Les..... actions de la filature de....., non cotées à la Bourse, sont évaluées à une somme de..... francs, chacune, soit ensemble..... francs.

(1) Dict. réd., 182, 183; Garnier, 12375; Dél., 10 mars, 7 avril 1835.

immeubles de 1 fr. 50 par 100 fr., en principal, droits d'enregistrement et de transcription compris (Loi 21 juin 1875, art. 1er).

262. Valeur imposable. — La valeur des immeubles est déterminée par le revenu capitalisé, savoir : — à l'égard des immeubles urbains, par un capital formé de vingt fois le revenu pour les mutations de propriété et de dix fois le revenu pour les mutations d'usufruit; — et en ce qui concerne les immeubles ruraux, par un capital formé de vingt-cinq fois le revenu pour les mutations de propriété, et de douze fois et demi pour les mutations d'usufruit. C'est aussi par dix fois à l'égard des immeubles urbains et par douze fois et demi à l'égard des immeubles ruraux que l'usufruitier doit le droit pour la transmission à son profit de la nue propriété, quand il a acquitté le droit sur l'usufruit; le tout, sans distraction des charges (Lois 22 frim. an VII, art. 15, et 21 juin 1875, art. 2). — La distinction entre les immeubles ruraux et les immeubles urbains se trouve dans notre *Traité-Form.*, nos 6271 et 6272. Voir aussi *Répert.*, art. 706. — Une évaluation doit être faite par les parties en ce qui concerne les immeubles. Le mobilier corporel devant être estimé, cette estimation sert de base: les valeurs cotées acquittent le droit d'après le cours de la Bourse et les créances sur leur chiffre nominal: les valeurs non cotées sont estimées [Form. 42].

263. Partage; rapports. — Les partages anticipés constituent de véritables donations; et quoique les biens soient divisés entre les enfants, il n'est dû aucun droit particulier de partage (1); pas même sur les rapports effectués par les enfants à la masse des biens donnés (2), à moins que les libéralités ne résultent de dons manuels (3); — mais le droit gradué serait dû en cas de partage séparé entre les donataires seuls, soit par l'acte même de donation, soit par acte ultérieur, qu'il s'agisse des biens donnés par les père et mère, ou par le survivant d'eux en cas de partage cumulatif de ses biens et de ceux du conjoint prédécédé (4).

264. Caractère; dessaisissement. — Pour que le contrat jouisse de la réduction du tarif, il faut qu'il revête les caractères du partage anticipé (5). En conséquence, le dessaisissement des biens qui en font l'objet doit être complet; par suite, il n'y aurait pas partage, mais donation [sujette au droit de 4 p. 100, si l'on stipulait la clause de rapport réel des biens à la succession des donateurs (6). Mais l'acte ne perd pas son caractère de partage anticipé assujetti au droit de faveur par la stipulation que les biens seront rapportés fictivement pour le calcul de la quotité disponible (7), ou que les biens donnés à titre de partage anticipé par les père et mère seront imputés sur la succession du premier mourant et, comme conséquence, rapportés en moins prenant à cette succession (8).

265. Successibles. — Il faut, en outre, que le contrat soit régi par les art. 1075 et 1076 C. civ., c'est-à-dire que les donataires soient les héritiers présomptifs du disposant et qu'il y ait partage ou attribution de quotité.

§ 2. *Qualités héréditaires.*

266. Enfants. — Petits-enfants. — Pour profiter de la réduction du droit, il faut qu'il y ait plusieurs enfants ou descendants d'eux. Elle ne s'appliquerait donc pas à la donation faite à un enfant unique (9), lors même qu'elle aurait lieu à charge de restitution au profit de ses enfants nés ou à naître avec stipulation de partage entre eux (10); — non plus qu'à la donation adressée à l'enfant unique et aux enfants de celui-ci avec partage

---

(1) Dict. réd., 194; Dél., 6 janvier 1829; Sol., 14 septembre 1872; Garnier, 12589-1.
(2) Dict. réd., 194; Sol., 25 avril 1877.
(3) Dict. réd., 195; Cass., 28 avril 1829.
(4) Sol., 15 mai, ... octobre 1873; Chartres, 22 décembre 1876.
(5) Dict. réd., 193-bis; Cass., 8 juin 1831; Garnier, 12598. Voir Cass., 26 avril 1836; Lyon, 25 mars 1851.
(6) Dict. réd., 226; Cass., 7 mars 1876, 6 mai 1879; Avesne, 29 août 1884; Rép. Defrénois, 2733.

(7) La Réole, 16 août 1878.
(8) Dict. réd., 226; Saint-Quentin, 29 nov., 1876; Cass., 6 mai 1879.
(9) Inst., 1150-5, 1577-8; Garnier, 12567; Cass., 13 août 1838, 14 mai 1879; Seine, 30 janvier 1833, 16 mai 1839; Digne, 6 mai 1841.
(10) Cass., 4 janvier 1847, 5 juin 1848, 20 janvier 1849; Inst., 1618-1; Garnier, 12567-1.

entre eux (1), peu importe que ceux-ci aient été précédemment institués donataires contractuels de l'ascendant (2) ; — ni à la donation qui s'adresse aux enfants et à leurs descendants ; à l'égard de ceux-ci elle est passible du droit de 4 p. 100 (3).

267. Père et aïeul. — De même, si les petits-enfants étaient donataires de leur aïeul et de leur père par le même contrat, la libéralité du père profiterait seule de la réduction du tarif et celle de l'aïeul acquitterait le droit ordinaire (4).

268. Enfants de deux lits. — La donation à titre de partage anticipé faite entre deux époux à l'enfant unique de l'un d'eux et aux enfants de leur second lit est dans son ensemble une donation sujette au droit réduit de partage d'ascendant (5), à plus forte raison s'il y a plusieurs enfants ; à la condition toutefois que les biens de l'un des conjoints ne soient pas attribués aux enfants de l'autre (6). Il en est autrement de la donation faite par deux époux mariés en secondes noces à l'enfant unique de chacun d'eux, issu de son premier mariage (7), ou aux enfants de l'un d'eux (8).

269. Partage nul. — Comme la régie n'est point juge de la nullité des actes, le partage anticipé ne perd pas son caractère, quoiqu'il soit nul pour avoir été fait sous seing privé (9) ou verbalement (10), ou quoique tous les enfants n'y soient pas appelés (11). Il en est de même *a fortiori* de l'acte par lequel l'ascendant, après avoir fait une donation à l'un de ses héritiers présomptifs, fait une libéralité nouvelle à ses autres héritiers pour rétablir l'égalité (12) ; mais la réduction du tarif ne serait pas applicable si la seconde donation était faite à un seul enfant (13).

270. Acceptation (défaut d'). — Par la même raison, l'absence ou le défaut d'acceptation de quelques-uns des enfants ne s'oppose pas à la perception du droit de faveur (14) ; mais nous croyons, contrairement à la régie, que l'impôt ne saurait être liquidé que sur la part des donataires acceptants (15).

271. Acceptation ; ascendant ou porte fort. — En tous cas, est valable pour la perception, l'acceptation faite au nom d'un mineur par son père (16) ou par un tiers qui se porte fort (17).

272. Collatéraux. — Le partage anticipé fait entre des héritiers collatéraux ne profite d'aucune réduction, et le droit ordinaire est dû ; mais comme il ne constitue que des donations individuelles, il n'est pas dû le droit de soulte sur les sommes que l'un ou plusieurs d'eux sont chargés de payer aux autres, à moins que la donation ayant été faite par indivis, les héritiers fassent entre eux la division des biens (18).

§ 3. *Biens ; division.*

273. Biens. — Le partage anticipé peut ne comprendre qu'une partie des biens du

---

(1) Garnier, 12565 ; Cass., 4 janvier 1847, 26 janvier 1848, 5 juin 1848, 12 mars 1849 ; Inst., 1796-7, 1814-9, 1825-4, 1837-3. Contra : Cass., 30 décembre 1834. Voir Sol., 6 décembre 1867.

(2) Dict. réd., 174 ; Sol., 6 décembre 1867.

(3) Dict. réd., 173 ; Mans, 21 février 1873 ; Melle, 24 mars 1877 ; Arras, 17 mars 1887 ; Rép. Defrénois, 2135-5, 3590-15, 4141.

(4) Cass., (5 arrêts), 21 juillet 1851 ; Inst., 1900-3. ; Conf. : Dalloz, 3895 et 3898 ; Garnier, 12565-2 ; Corbeil, 5 décembre 1833 ; Rambouillet, 9 août 1844 ; Blois, 27 août 1845 ; Avesne, 6 septembre 1845 ; Versailles, 18 décembre 1845 ; Pontoise, 13 août 1846 ; Mâcon, 18 août 1846 ; Dieppe, 3 décembre 1846 ; Lyon, 3 février 1847 ; Bergerac, 8 février 1848 ; Wissembourg, 30 mars 1849 ; Montluçon, 3 mai 1850. Contra : Champ., *Suppl.*, 557 ; Cass., 30 décembre 1844 ; Dict. réd., 202.

(5) Château-Thierry, 18 avril 1846 ; Dél., 15 mai 1846 ; Garnier, 12568. Contra : Vitry-le-Français, 6 janvier 1847.

(6) Dict. réd., 201, 206 ; Sol., 21 janvier 1874, 23 août 1878, 5 mars 1880.

(7) Dict. réd., 178, 205 ; La Rochelle, 4 février 1869.

(8) Dict. réd., 200 ; Sol., 21 février 1868.

(9) Dict. réd., 142 ; Cass., 21 décembre 1835, 9 août 1836.

(10) Dict. réd., 144 ; Cass., 13 décembre 1837.

(11) Garnier, 12571 ; Champ., 2605 et 2618 ; Dict. réd., 146 ; Cass., 26 avril 1836, 15 avril 1850, 23 avril 1867 ; Rép. Defrénois, 1121-4.

(12) Cass., 9 août 1837 ; Dél., 14 février 1834, 20 avril 1838 ; Angers, 27 mai 1836 ; Barbézieux, 25 décembre 1827 ; Garnier, 12574.

(13) Saint-Omer, 22 mai 1847 ; Péronne, 11 juillet 1845 ; Seine, 23 janvier 1838 ; Cass., 23 janvier 1828 ; Dél., 25 avril 1837 et 25 janvier 1838 ; Garnier, 12574-2. Contra : Sol., 20 avril 1838 ; Chinon, 23 novembre 1850.

(14) Dict. réd., 146 ; Garnier, 12573 ; Cass., 11 avril 1838 ; Inst., 1577-9 ; Cass., 30 décembre 1839 ; Pontivy, 29 août 1833 ; Saverne, 20 mai 1834 ; Guingamp et Metz, 12 et 29 janvier 1838.

(15) En ce sens, Garnier, 12573 ; Neufchâtel, 25 novembre 1855. Contra : Inst., 1577-9.

(16) Seine, 25 juin 1849 ; Dél., 4 avril 1832 ; Garnier, 12572-1.

(17) Dél., 20 mai 1834. Voir Cass., 14 mai 1838.

(18) Evreux, 23 mars 1887 ; Rép. Defrénois, 4407.

donateur; par exemple l'argent et les créances à l'exclusion des immeubles (1); ou certaines valeurs dont le disposant se réserve une partie (2).

274. Division. — La division matérielle des biens entre les enfants n'est pas nécessaire pour motiver la réduction du tarif. On a décidé que cette réduction s'appliquait à la simple assignation de la quotité afférente à chacun des donataires (3); — par exemple, à l'attribution à deux enfants pour moitié indivisément, et à l'exclusion du troisième, des différents immeubles (4), lors même que ces biens seraient indivis entre le donateur et des tiers (5); — à l'attribution aux enfants pour une part égale d'une somme d'argent et du tiers d'un immeuble déterminé (6); — enfin à l'acte portant que les biens donnés avec assignation de quotité ne seront partagés qu'au décès du disposant (7): ou au partage conditionnel et ne désignant pas tous les biens de chaque lot (8).

275. Quotités. — La régie a même reconnu que la loi de 1824 est applicable à l'acte qui ne contient aucune désignation formelle de quotité, parce que la portion des enfants résulte suffisamment du principe d'égalité de l'art. 745 C. civ. (9).

276. Partage simultané. — A plus forte raison en est-il ainsi quand le partage matériel s'opère dans un acte simultané ou qu'on s'engage à le réaliser dans un certain délai (10).

277. Inégalité des lots; préciput. — L'inégalité des parts attribuées aux enfants ne met pas obstacle à l'application de la loi du 16 juin 1824. Le disposant peut donc, sans que cela nuise au partage d'ascendants, faire une attribution par préciput à l'un d'eux (11), ou même attribuer tous les biens à titre de préciput à chaque donataire (12).

278. Enfants lotis. — Il faut encore considérer comme un partage anticipé l'acte, même par contrat de mariage, par lequel le disposant donne ses biens à un ou à quelques-uns des enfants, à charge de payer une somme d'argent ou une rente aux autres (13). Il en est autrement si la disposition ne comprend pas le patrimoine du disposant, mais seulement un objet particulier (14).

279. Titre onéreux. — Mais quand l'abandon consenti a manifestement le caractère d'un contrat à titre onéreux, il est clair que c'est le droit à titre onéreux qui devient exigible. Tel est le cas où des parents cèdent leurs biens à des enfants pour en recevoir des valeurs égales ou supérieures (15); ou être libérés d'une dette (16).

280. Dessaisissement non actuel; somme. — La loi de 1824 ne doit point être étendue aux donations qui ne constituent pas le dessaisissement actuel du disposant (17): on l'a décidé notamment pour l'abandon à titre de partage anticipé d'une somme payable à long terme (18) — ou à la volonté des donataires, imputable sur la succession du prémourant des donateurs et hypothéquée sur les immeubles de ceux-ci, alors surtout qu'elle est pré-

---

(1) Dél., 22 juin 1827; Dél., 6 juin 1830; Garnier, 12577; Dict. réd., 192.

(2) D. M. F., 14 septembre 1829; Inst., 1303-7; Garnier, 12577-2.

(3) D. M. F., 30 mai 1826; Dél., 3 mai 1826, 27 octobre 1827, 8 janvier 1828, 30 avril 1830, 15 avril et 12 juillet 1834; Seine, 13 et 20 avril 1831; Cass., 26 avril 1836 et 11 avril 1838. CONTRA : Inst., 1336-5, 1187-4, 1205-5.

(4) Cass., 28 avril 1829; Garnier, 12578-3; Inst., 1354-2.

(5) Cass., 29 mars 1831. CONTRA : D. M. F., 14 septembre 1829.

(6) Cass., 14 février 1832, 26 mars 1833, Inst., 1401-3; 1425-6; Garnier, 12578-4.

(7) Dél., 24 novembre 1846; Sol., 17 janvier 1829.

(8) Cass., 10 août 1831; Garnier, 12578-10.

(9) Dél., 6 janvier 1830; Garnier, 12578-5.

(10) Dél., 23 mars 1825, 19 septembre 1828, 12 mai 1829, 22 janvier et 30 avril 1830, 1er octobre 1833; D. M. F., 14 septembre 1829; Cass., 19 août 1831; Melle, 12 février 1840; Inst., 1303-7, 1336-5; Garnier, 12578-1 et 2.

(11) Dél., 14 avril 1826, 21 mars 1828, 30 avril 1830; Cass., 29 mars 1831; Inst., 1336-5, 1370-3; Garnier, 12578-6; Montbrison, 1er mars 1877; Evreux, 7 juin 1889; Rép. Defrénois, 5495.

(12) Angers, 27 mai 1836.

(13) Dict. réd., 273; Garnier, 12578-8; Dél., 30 avril 1830 et 28 février 1837; Cass., 1er décembre 1830, 26 avril 1836, 14 mai 1838, 23 avril 1867; Troyes, 22 mars 1874; Inst., 1336-5, 1354-2, 1615-1. Voir cep. Cass., 10 juin 1841, 28 décembre 1855; Inst., 1661-5; Péronne, 17 août 1860; Saverne, 26 juillet 1864; Wissembourg, 29 avril 1864 et 3 février 1865; Saint-Quentin, 7 février 1860; Troyes, 25 mars 1874; Rép. Defrénois, 5110-20.

(14) Strasbourg, 18 janvier 1860.

(15) Cass., 28 mars 1820.

(16) Dict. réd., 257; Garnier, 12586; Cass., 11 décembre 1838; Inst., 1590-7; Metz, 14 décembre 1830; Vitry, 29 décembre 1842; Seine, 12 juillet 1843; Périgueux, 14 mars 1845; Reims, 27 décembre 1845. Cons., Auch, 8 décembre 1841; Limoges, 17 décembre 1842; Versailles, 18 août 1842; Valence, 4 mai 1843; Dél., 27 janvier 1846.

(17) Dict. réd., 208; Cass., 14 juillet 1807, 13 avril 1815; D. M. F., 28 avril 1818.

(18) Dict. réd., 218; Lille, 2 mai 1868; Sol., 15 mars 1877.

sumée ne pas exister lors de la libéralité (1); — ou bien d'une somme stipulée payable avec intérêts, au décès du donateur, sur les plus clairs biens de la succession (2). Si la donation est à la fois de biens présents et d'une somme payable à terme, on peut considérer la disposition comme un partage anticipé à l'égard des premiers biens et comme une donation ordinaire à l'égard des autres (3).

281. Terme défini. — Jugé cependant que les donations de sommes payables à bref délai et même à l'époque de la majorité des donataires ont le caractère de partage d'ascendant (4), alors surtout que leur existence dans le patrimoine du donateur est certaine (5); il importe peu que la donation de somme soit faite avec réserve d'usufruit si le dessaisissement est actuel (6).

282. Usufruit. — Quant à l'usufruit, on a soutenu que, devant s'éteindre au décès de l'usufruitier, ce dernier ne pouvait en faire l'objet d'un partage anticipé (7), mais le contraire est généralement décidé (8). La question n'est plus douteuse si le décès du donateur n'est pas le terme de l'extinction de l'usufruit (9).

283. Reprises. — Quand les père et mère font donation conjointement, à titre de partage anticipé, des immeubles du mari grevés des reprises de la femme, en exprimant que les reprises s'éteignent par confusion, le droit est dû seulement sur les immeubles; mais il en est autrement si le mari et la femme font donation, le mari de ses immeubles, et la femme de ses reprises (10). — La stipulation dans un partage collectif par père et mère de biens de leur communauté, que les reprises et récompenses des époux se confondent avec les biens donnés, ce qui en entraîne l'extinction, est une dépendance du partage et ne rend exigible aucun droit particulier.

§ 4. *Transcription.*

284. Droit; usufruit. — Le droit de transcription hypothécaire à 50 cent. est exigible lors de l'enregistrement du partage anticipé. Cette disposition s'applique à l'acte par lequel un ascendant renonce gratuitement à l'usufruit qu'il s'était réservé dans le partage de ses biens fait entre ses enfants, parce qu'on voit dans ce désistement un complément du partage et non pas une mutation ordinaire passible du droit de transcription à 1 fr. 50 (11); mais la régie prétend que le droit est de 1 fr. 50 p. 100 quand la renonciation à l'usufruit réservé a lieu au profit seulement d'un ou de quelques-uns des enfants pour les biens attribués à leurs lots (12).

285. Substitution. — Le partage anticipé n'est assujetti au droit de transcription qu'à 50 cent. par 100 fr., même lorsqu'une partie des biens est grevée de substitution, la formalité étant indivisible (13).

286. Formalité. — Le droit de transcription à 50 cent. par 100 fr. étant perçu lors de l'enregistrement de l'acte de partage anticipé, la formalité de la transcription au bureau des hypothèques ne donne plus lieu qu'au droit fixe de 1 fr. déterminé par l'art. 61 de la loi du 28 avril 1816 (Loi 21 juin 1875, art. 1er).

---

(1) Cass., 5 avril 1852, 21 août 1876; Inst., 1929-4; Garnier, 12598; Lille, 2 mai 1868; Seine, 10 juillet 1869; Versailles, 24 décembre 1871; Nancy, 20 décembre 1875; Rennes, 7 juillet 1885. Voir Sol., 31 mai 1881; Rép. Defrénois, 527, 3011.

(2) Seine, 21 mars 1855; 28 juin 1878; Cass., 10 décembre 1855; Inst., 2060-2; Angoulême, 20 avril 1857; Baugé, 26 juin 1867; Sol., 30 septembre 1862, 5 décembre 1878, 24 février 1883.

(3) Sol., 15 mars 1877.

(4) Angers, 27 mai 1836; Mâcon, 9 mai 1871; Seine, 28 juin 1878. Voir Dél., Régie, 23 juin 1863; Verdun, 9 août 1864.

(5) Dict. réd., 216; Sol., octobre 1861, 8 septembre 1873, 24 avril 1880, 24 février 1883; Verdun, 9 août 1864; Charleville, 20 décembre 1872; Seine, 28 juin 1878.

(6) Dict. réd., 217; Mâcon, 9 mai 1871; Seine, 28 juin 1878; Sol., 5 octobre 1882.

(7) Sol., 24 août 1861; Autun, 19 février 1878.

(8) Garnier, 12609; Avesnes, 12 mars 1840; Etampes, 29 juin 1841; Sol., 19 août 1842, 9 août 1867; Inst., 1683-2; Nantes, 22 avril 1842; Dreux, 6 mai 1863.

(9) Dict. réd., 221 bis; Nérac, 4 août 1883; Rép. Defrénois, 1964.

(10) Sol., 28 août 1879. Voir Sol., 10 avril 1877; Rép. Defrénois, 119, 2234-14.

(11) Dict. réd., 352; Garnier, 12611-4; Inst., 1683-2; Dél., 28 juillet 1830, 19 août 1842; Avesnes, 12 mars 1840; Etampes, 20 juin 1841; Nantes, 21 avril 1842; Tarascon, 23 août 1860; Blois, 31 décembre 1878; Sol., 11 mars 1879; Rép. Defrénois, 2162-15. Contra : Senlis, 25 mars 1851; Autun, 19 février 1878.

(12) Dict. réd., 354; Senlis, 4 août 1841; Dijon, 13 janvier 1864. Contra : Seine, 25 juillet 1855.

(13) Sol., 23 juillet 1887; Rép. Defrénois, 3961.

287. Droit en sus. — Le droit en sus applicable aux insuffisances de revenus déclarés dans les partages anticipés ne comprend pas le droit de transcription (1).

288. Actes antérieurs. — En outre, les actes de donation à titre de partage anticipé, antérieurs à la loi du 21 juin 1875, ont été admis à la formalité de la transcription dans le délai d'une année moyennant le payement du droit de 50 c. p. 100 fr.; ce délai a été prorogé d'un an par l'art. 6 de la loi du 26 mars 1878. Après l'expiration de ce délai de faveur, la transcription des actes dont il s'agit rendrait exigible le droit ordinaire de 1 fr. 50 p. 100 (2).

289. Valeur. — C'est d'après le revenu des immeubles, multiplié par 20, conformément à l'art. 25 de la loi du 22 frim. an VII, que le droit doit être supporté sur la transcription des partages anticipés antérieurs à la loi du 21 juin 1875 et présentés depuis à la formalité de la transcription, que le droit soit de 50 cent. ou de 1 fr. 50 par 100 fr. (3).

§ 3. *Soultes.*

290. Règles. — D'après l'art. 5 de la loi du 18 mai 1850, les règles de perception concernant les soultes de partage sont applicables aux donations portant partage, faites par acte entre vifs par les père et mère et autres ascendants.

291. Principes. — Il faut, par conséquent, soumettre ces soultes aux principes applicables à l'occasion des partages ordinaires (*Traité-Form.*, n°s 6635 à 6653), mais il convient de rapporter ici quelques décisions spéciales aux partages d'ascendants.

292. Dettes; charges. — Lorsqu'un des enfants est chargé de payer les dettes du donateur et qu'il reçoit en compensation la propriété exclusive de certains immeubles, le droit de soulte est exigible sur l'excédent de sa part dans les dettes (4). — Le droit est également dû sur l'excédent de la portion virile du donataire dans la somme ou la rente viagère à payer au donateur lui-même (5); — mais si cette charge particulière se rapporte à l'attribution d'un préciput ou d'une attribution particulière, il n'y a plus de soulte ni de droit à percevoir (6), sauf le cas de fraude (7).

293. Rente pour jouissance. — Si les enfants lotis en toute propriété s'obligent à payer une rente à leur frère pour l'indemniser de la réserve de jouissance applicable à son lot, le droit proportionnel de soulte est exigible (8). Mais le droit n'est pas dû sur la clause portant que l'enfant grevé d'un usufruit contribuera au payement de la rente viagère à servir aux donateurs dans une proportion moindre que ses codonataires (9).

294. Rapport. — Le droit de soulte n'est pas dû sur la clause par laquelle un enfant rapporte une somme qui lui a été donnée antérieurement dans son contrat de mariage par ses père et mère et s'oblige à la payer à un autre enfant, alors même que des immeubles lui ont été attribués en remplacement, si l'attribution de somme est sérieuse (10) — peu importe que la somme rapportée soit le prix d'un immeuble donné à l'enfant et aliéné plus tard (11).

295. Soulte déguisée. — Si, par un premier acte, des père et mère donnent leurs immeubles à l'un de leurs enfants avec dispense de rapport en nature, mais à charge de

---

(1) Sol., 15 décembre 1876.

(2) Inst., 23 juin 1875, n° 2517.

(3) Sol., 14 janvier 1875.

(4) Dict. réd., 275; Garnier, 12619; Lure, 14 avril 1855; Troyes, 25 avril 1855; Belfort, 17 mai 1858; Dreux, 1er avril 1808; Valenciennes, 11 juin 1873; Cambrai, 10 janvier 1877; Montbrison, 1er mars 1877. Voir cep. Sol., 25 avril 1882; Rép. Defrénois, 1162-24, 1333.

(5) Dict. réd., 280; Garnier, 12417; Rethel, 28 août 1852; Cahors, 13 décembre 1854; Cambrai, 6 décembre 1860; Sol., 28 octobre 1873. Contra : Béziers, 22 décembre 1852; Sol., 21 novembre 1872; Rouen, 1er mai 1888; Rép. Defrénois, 4851.

(6) Dict. réd., 285, 302; Garnier, 12618; Chalon-sur-Saône, 17 janvier 1856; Mâcon, 17 décembre 1862; Besançon, 8 juillet 1864; Gray, 20 juillet 1864; Montbrison, 1er mars 1877; Sol., 25 avril 1882; Rouen, 1er mai 1888; Evreux, 7 juin 1889; Rép. Defrénois, 1333, 4851, 5495. Voir cep. Montpellier, 4 juillet 1864.

(7) Dict. réd., 305; Montpellier, 4 juillet 1864.

(8) Dict. réd., 293; Garnier, 12621; Cass., 21 juillet 1851; Vouziers, 8 juin 1836; Saint-Étienne, 21 décembre 1847; Lannion, 23 juillet 1883; Rép. Defrénois, 1852. Voir Lure, 14 avril 1855.

(9) Dict. réd., 294; Sol., 26 juin 1877.

(10) Cass., 11 décembre 1855; Seine, 23 janvier 1857; Cass., 27 avril 1858. Contra : Alais, 12 juin 1855. Voir Bellac, 16 juillet 1885; Seine, 16 juillet 1886; Rép. Defrénois, 3164, 3387.

(11) Dict. réd., 249. Voir Villeneuve-sur-Lot, 6 juin 1856.

rapporter une somme d'argent à leurs successions, puis, par un second acte contenant partage anticipé, distribuent la somme entre les autres enfants, on considère cette valeur comme une soulte déguisée (1).

296. Cession de parts; de lots. — Le droit de soulte à 4 p. 100 et non celui de vente à 5.50 a été reconnu exigible sur la cession que trois des donataires font de leurs droits au quatrième, lorsque le partage anticipé ne contient pas la division par lots des immeubles donnés (2); mais le tarif de la vente serait applicable si la cession de parts n'était consentie que par quelques-uns des donataires sans faire cesser l'indivision (3), ou si les biens avaient été divisés en nature par l'ascendant (4).

297. Valeurs déduites. — Ici comme dans les partages ordinaires, il faut déduire, pour calculer le droit de soulte, les valeurs mobilières, quand même leur existence ne serait pas justifiée. — On a décidé, à cet égard, que la réalité de la somme d'argent expressément donnée aux enfants avec les immeubles devait être acceptée par la régie, jusqu'à preuve contraire (5).

298. Imputation. — On doit d'ailleurs imputer le droit de soulte de la façon la plus avantageuse aux parties (6), et si une mère veuve, en faisant le partage anticipé de ses biens entre ses enfants, y comprend ses reprises dotales dues par ceux-ci comme héritiers de leur père, on doit en tenir compte pour le calcul du droit de soulte (7); on doit aussi compenser les soultes réciproques que se doivent les copartageants, de manière à ne percevoir l'impôt que sur la différence s'il en existe (8); — le tout à moins que le contraire ne semble résulter de la teneur de l'acte (9).

§ 6. *Clauses diverses.*

299. Charges. — En principe, il n'est rien dû sur les charges stipulées par le donateur à son profit comme condition de la libéralité. Décidé qu'il en est ainsi de la charge imposant aux enfants la condition d'abandonner à l'ascendant donateur la propriété d'un immeuble de la communauté dont le prix encore dû sera acquitté par lui (10). — Mais il est dû le droit de bail à vie sur la convention que l'ascendant gérera les biens personnels des donataires moyennant une somme annuelle (11).

300. Déduction. — Les sommes ou rentes antérieurement données entre vifs à l'un des enfants, et non payées ni remboursées ou éteintes au moment du partage anticipé, doivent être déduites de la masse des biens pour la liquidation de l'impôt (12).

301. Division. — Si les biens sont indivis entre le donateur et *quelques-uns* des enfants, et que l'ascendant impose à ceux-ci l'obligation de partager la totalité des biens également entre eux et leurs frères, il est dû un droit de vente sur la portion cédée par les premiers (13).

302. Soulte; vente. — Lorsque dans un même acte des ascendants donnent un immeuble à l'un de leurs enfants à la charge de payer une soulte à l'autre, et que le débiteur de la soulte vend au créancier de cette soulte un immeuble afin de se libérer envers lui jusqu'à concurrence du prix de la vente, il est dû : 1° le droit à 4 p. 100 sur la soulte

---

(1) Cass., 22 décembre 1856.
(2) Auch, 19 décembre 1855; Garnier, 12631-2.
(3) Dict. réd., 251; Nérac, 9 juin 1863.
(4) Dict. réd., 247; Château-Thierry, 24 janvier 1846; Montpellier, 1er juillet 1850; Sol., 7 novembre 1829; Garnier, 12631-1; Nérac, 9 juillet 1863; Tournon, 19 mars 1868; Lectoure, 12 avril 1881; Cass., 19 février 1883; Rép. Defrénois, 720, 1303.
(5) Garnier, 12624; Dél., 4 avril 1851, 23 juin 1863. Contra : Cass., 5 avril 1852 et 8 décembre 1855.
(6) Inst., 342 et 1852; Nice, 25 novembre 1867.
(7) Dict. réd., 301; Sol., 4 avril 1881, 12 février 1883. Voir cep. Sol., 10 avril 1877; Rép. Defrenois, 119, 1254.
(8) Contra : Jonzac, 30 mars 1857.
(9) Bellac, 16 juillet 1885; Seine, 16 juillet 1886; Rép. Defrénois, 3164, 3187.
(10) Melle, 24 mars 1877. Voir cep. Lodève, 16 décembre 1886; Rép. Defrénois, 4227.
(11) Vitré, 19 mai 1847; Garnier, 12627.
(12) Sol., 14 juin 1864; Arg. cass., 29 juillet 1862; Inst., 2234-1; Dreux, 1er avril 1868; Poitiers, 9 juillet 1879; Sol., 2 mars et 25 avril 1882; Rép. Defrénois, 915, 1333. Contra : Seine, 3 août 1852; Nevers, 12 juin 1849.
(13) Metz, 14 octobre 1840; Garnier, 12638.

stipulée ; 2° et le droit de vente à 5.50 pour 100 sur le prix représenté par la somme dont le cédant se trouve libéré (1).

303. Attributions modifiées. — L'acte ultérieur qui modifie les attributions faites dans un partage anticipé refait pour une cause quelconque, n'est pas un simple complément sujet au droit fixe, mais opère une transmission nouvelle passible du droit proportionnel. Ainsi le droit d'échange est exigible si les père et mère font passer d'un lot dans un autre des immeubles précédemment donnés (2) ; il y a rétrocession si le père retient les immeubles attribués à un donataire non acceptant et les remplace par une somme d'argent (3).

304. Disposition dépendante. — Si le donateur, en réservant l'usufruit, sert une rente aux donataires pour leur tenir lieu de la jouissance, cette clause forme une disposition dépendante dispensée d'un droit particulier (4). Il en est de même de la stipulation du partage anticipé portant, en cas d'inégalité des lots, donation par préciput de l'excédent à ceux dans les lots desquels ils existeraient, *supra* n° 60 ; ou de la clause pénale avec disposition par préciput de la quotité disponible dans le cas où le partage serait attaqué, *supra* n° 61.

305. Usufruit réservé. — Lorsque le partage anticipé est fait par père et mère avec réserve d'usufruit des biens y compris pour eux et le survivant, la régie y voit une donation mutuelle entre époux et perçoit le droit de donation éventuelle, puis après le décès du prémourant un droit de succession sur les biens par lui donnés (5). Ces droits seraient évités, suivant nous, si la reversibilité était une condition imposée personnellement par chacun des donateurs, *supra* n° 111 (6).

SECTION II — Partages testamentaires.

306. Droit gradué. — Le partage testamentaire ne produisant son effet qu'au décès du disposant, le seul droit auquel il donne ouverture, suivant nous, est celui de 7 fr. 50 c. applicable aux testaments, sauf la perception ultérieure du droit de succession (7). — Mais l'administration, par une interprétation que nous ne saurions adopter, assimile les partages testamentaires au partage d'indivision, entre les enfants, des biens provenant de l'hérédité, et perçoit le droit gradué lors de l'enregistrement de ce partage sur une évaluation à faire par les parties [FORM. 43] (8). Il nous semble que le droit gradué ne devrait être perçu que sur l'acte d'acceptation du partage testamentaire, comme formant une délivrance de legs entre les enfants. En tout cas, si le droit gradué est perçu sur le partage testamentaire, le droit fixe de 7 fr. 50 c. n'est pas dû (9).

307. Acceptation. — L'acte d'acceptation par les enfants, des lots qui leur sont assignés, n'est, si le droit gradué a été perçu sur le partage testamentaire, soumis qu'au droit fixe de 3 fr. comme acte de complément (10).

FORMULE 43. — Déclaration estimative pour l'enregistrement du partage testamentaire [N° 306].

Pour la perception du droit gradué d'enregistrement, les biens compris dans le présent partage testamentaire sont évalués en capital, à une somme de.....

---

(1) Dict. réd., 324 ; Cass., 15 novembre 1875.
(2) Del., 1er mai 1827. CONTRA : Bar-sur-Aube, 19 novembre 1850.
(3) Dél., 11 décembre 1836.
(4) Ploërmel, 29 avril 1864 ; Pithiviers, 24 mars 1867 ; Sol., 20 février 1866 ; Rép. Defrénois, 3590. CONTRA : Garnier, R. P., 2057 ; Angoulême, 4 août 1873 ; Beaune, 26 décembre 1878.
(5) Cass., 15 juin 1846, 31 août 1853, 6 mai 1857, 24 janv. 1860, 14 nov. 1865, 26 juill. 1869 ; Dieppe, 3 août 1880 ; Cahors, 9 fév. 1881. Voir cep. Seine, 18 fév. 1881 ; Rép. Defrénois, 344, 542, 740.

(6) Rép. Defrénois, 3308-24. Voir cep. Châlon, 1er décembre 1885 ; *Ibid.*, 3305.
(7) Lesparre, 24 août 1876.
(8) Dict. réd., 370 ; Inst., 17 septembre 1877, n° 2583-8 ; Montbrison, 27 décembre 1873 ; Lyon, 27 décembre 1877 ; Charleville, 22 juillet 1878 ; Cass., 8 juillet 1879.
(9) Rép. Defrénois, 1304-3 ; 3671-19.
(10) Rép. Defrénois, 3933-14.

308. Soulte. — En ce qui concerne le droit de soulte, la loi du 18 mai 1850 a soumis cet acte aux règles de perception concernant les soultes de partages ordinaires, et, par conséquent, à celle des partages d'ascendants entre vifs; c'est ainsi qu'il a été décidé que le testament par lequel un père déclare léguer à un enfant un de ses immeubles, à charge par le légataire de payer une certaine somme à ses autres enfants, engendre le droit de soulte (1); avec cette restriction toutefois que si les valeurs léguées n'excèdent pas la quotité disponible, la somme d'argent n'est pas censée représenter une soulte et le droit n'est pas dû (2).

309. Exigibilité immédiate. — On considère que le partage testamentaire est obligatoire pour les enfants tant qu'il n'est pas annulé; d'où il suit que le droit de soulte est exigible sur le testament même, sans que la régie soit obligée de justifier de son acceptation (3). — Seulement, si le testament n'est point exécuté, le droit de soulte perçu devient restituable (4), de même qu'un supplément est dû, si une expertise imposée par l'ascendant a ensuite élevé le chiffre fixé provisoirement (5).

---

(1) Le Mans, 12 février 1858; Péronne, 12 mai 1858; Belfort, 17 mai 1855; Yvetot, 2 juillet 1858; Mortain, 21 août 1860; Nice, 25 novembre 1867; Cass., 27 avril 1867, 8 juillet 1879.

(2) Chalon-sur-Saône, 17 janvier 1856; Mâcon, 17 décembre 1862; Besançon, 8 juillet 1864; Gray, 20 juillet 1861.

(3) Garnier, 12655; Sol., 15 décembre 1856; Le Mans, 12 février 1858. Contra : Napoléon-Vendée, 8 décembre 1856.

(4) Garnier, 12656; Sol., 1er août 1863, 4 mars 1864. Contra : Napoléon-Vendée, 8 décembre 1856.

(5) Beauvais, 10 avril 1886; Rép. Defrénois, 3698.

FIN.

BESANÇON. — IMPRIMERIE OUTHENIN-CHALANDRE FILS ET Cie.

www.ingramcontent.com/pod-product-compliance
Ingram Content Group UK Ltd.
Pitfield, Milton Keynes, MK11 3LW, UK
UKHW020007100726
13658UKWH00002B/854